JUAN RAMÓN JIMÉNEZ

LA REALIDAD
INVISIBLE

(1917-1920
1924)

JUAN RAMÓN JIMÉNEZ

LA REALIDAD
INVISIBLE

(1917-1920
1924)

LIBRO INÉDITO

EDICIÓN CRÍTICA Y FACSÍMIL,
CON LECTURAS INTERPRETATIVAS,
DE
ANTONIO SÁNCHEZ ROMERALO

TAMESIS BOOKS LIMITED
LONDON
1983

Colección Támesis
SERIE B - TEXTOS, XXI

DEPÓSITO LEGAL: M. 5084-1983
I. S. B. N.: 0-7293-0070-6

PHOTOGRAPHY BY JOSÉ DOMÍNGUEZ. ENGRAVING BY ENRIQUE VELASCO. EDITION SUPERVISED BY ANTONIO SÁNCHEZ ROMERALO. PRINTED IN SPAIN BY SELECCIONES GRÁFICAS (CARRETERA DE IRÚN, KM. 11,500. MADRID-34)
FOR
TAMESIS BOOKS LIMITED
LONDON

Los textos de *La realidad invisible* fueron recogidos, en su mayoría, durante el verano de 1970, en Puerto Rico. Compañeros de trabajo en la *Sala Zenobia-Juan Ramón* de la Universidad de Puerto Rico (Río Piedras) fueron ese año RAQUEL SÁRRAGA, RICARDO GULLÓN y FRANCISCO H.-PINZÓN JIMÉNEZ. Esta edición va dedicada a los tres, en recuerdo de aquellos días de trabajo y convivencia, y en agradecimiento a su ayuda a través de los cuarenta y nueve mil trescientos treinta y seis papeles juanramonianos de la *Sala*.

A. S. R.

La poesía debe tener apariencia comprensible, como los fenómenos naturales; pero, como en ellos, su hierro interior debe poder resistir, en una gradación interminable de relativas concesiones, al inquisidor más vocativo.

J. R. J.

INTRODUCCIÓN

En 1923, con poco más de un mes de diferencia, aparecieron en Madrid dos libros nuevos, inéditos, de Juan Ramón Jiménez: *Poesía* (18 de agosto) y *Belleza* (25 de septiembre). Desde *Piedra y Cielo* (1919), eran —dejando a un lado el importante esfuerzo antológico, y de recreación, pero retrospectivo, de la *Segunda Antolojía Poética* (1922)— los primeros que el poeta publicaba. Sin embargo, Juan Ramón, que alcanza entonces su primer gran momento de plenitud y madurez —ya vislumbrado en *Estío* (1916) y hecho realidad en *Diario de un poeta recien casado* (1916)—, había trabajado intensamente en esos años. ¿Sin fruto? Era difícil aceptar que aquel intenso trabajo no lo hubiera dado. Pero, ¿dónde estaban los textos creados? Algunos había dado a conocer el poeta en revistas de la época: en *La Pluma, Hermes, España, Indice,* los cuales habían pasado invariablemente a los dos libros de 1923 (*Poesía* y *Belleza*). Algunos, pocos, los publicó en *Segunda Antolojía Poética.* Pero ni aquéllos ni éstos, ni tampoco los contenidos en *Poesía* y en *Belleza* podían agotar la entera producción de Juan Ramón en esos años. Finalmente, era difícil aceptar que el poeta —aun recordando su consejo de no dejar pasar un día sin romper un papel— hubiera destruido su obra.

En realidad, la obra existía y no había sido destruida. Es más, el poeta había declarado públicamente su existencia en una página preliminar a los libros de 1923, *Poesía* y *Belleza.* Allí se decía expresamente que ambos libros eran sólo representación escogida de una serie de libros preparados, o en preparación, entre 1917 y 1923. Sus nombres, por el orden en que el poeta los citaba, eran: *La realidad invisible (1917-1919), Unidad (1918-1920), Hijo de la alegría (1918-1920), Fuego y sentimiento (1918-1920), Luz de la atención (1918-1920), La mujer desnuda (1918-1920), Ellos (1918-1920), La muerte (1919-1920), Forma del huir (1919-1920), El vencedor oculto (1919-1920), La obra (1919-1920), 1920 (Miscelánea), 1921 (Miscelánea), 1922 (Miscelánea)* y *1923 (Miscelánea).*

Pero los lectores de Juan Ramón no llegaron a tomar demasiado en serio la declaración. En aquella larga y bella lista de nombres, sólo vieron libros imaginados, esbozos a lo sumo de libros sin existencia verdadera.

Sin embargo, los libros eran realísimos, aunque no todos llegaron a alcanzar un mismo grado de acabamiento y desarrollo. Sus poemas, en cuartillas amarillentas por el paso del tiempo, ordenadas en montoncitos, atados con las clásicas cintas de seda del autor (rosas, moradas, verdes, gualdas...), se conservan hoy, junto a otros casi cincuenta mil papeles y documentos del poeta, en la Sala Zenobia-Juan Ramón, en la Biblioteca de la Universidad de Puerto Rico, en Río Piedras. Algunos textos que no llegaron a enviarse a Puerto Rico y quedaron en España se guardan a su vez en el Archivo Histórico Nacional, en Madrid[1].

¿Por qué no llegó Juan Ramón a publicar esos libros, terminando los inconclusos, y optó, en cambio, por ofrecer sólo una selección de ellos en los libros antológicos *Poesía* y *Belleza*? Nunca llegaremos a conocer exactamente las razones, pero sí podemos imaginar cuáles debieron ser algunas de ellas. Hacia 1923, Juan Ramón, cada vez más exigente e interesado en la belleza, pulcritud, exactitud de la labor editorial (su influencia, importantísima, en la historia del libro español de nuestro siglo merece ser estudiada), decide constituirse con Zenobia en "editores de su propia y sola obra". Para entonces, el material acumulado es excesivo. Por una parte, rebasa las posibilidades de financiación del matrimonio. Por otra, los libros, conclusos o por concluir, se parecen demasiado, presentan una unidad de estilo, como pertenecientes a una misma época poética del autor; una época, además —y esta consideración debió de ser, sin duda, decisiva—, que el autor empezaba a considerar clausurada.

Juan Ramón fue siempre muy consciente del peligro que acecha a todo artista y a todo arte de prolongarse en manierismo, y sabía la falsedad de esa auto-imitación. La poesía nace orgánicamente en el poeta (*íntimamente fun-*

---

[1] En 1931 (12 de julio) vio Juan Guerrero el manuscrito de *La realidad invisible* en casa del poeta, y habla de él en su diario como de un libro que en algún tiempo estuvo dispuesto para la imprenta. La alusión se encuentra en un pasaje que vale la pena trascribir con alguna extensión: «A fin de que yo me dé cuenta del trabajo que representa su labor diaria y de la cantidad de Obra que tiene en borradores para sacar en limpio, todo inédito, me enseña Juan Ramón dos cajas cogidas al azar de entre las que llenan uno de los armarios de su despacho; son unas cajas grandes, de cartulina blanca, con bastante fondo, donde conserva sus manuscritos.—Me va mostrando el contenido, que es una variedad tremenda de papeles de todas clases y tamaños, predominando los de tamaño pequeño, todos escritos por él a lápiz o pluma; casi todos están en una forma indescifrable por lo difícil de su escritura, o cuando son en lápiz, porque ya se encuentra algo borroso; por estas causas dice que ha de ser él quien vaya dictando estos borradores a Zenobia, en muchos casos ayudándose de una lente de gran tamaño para poder leer lo escrito.—En cada caja hay una cantidad muy grande de original inédito que corresponde a muy diversas épocas y libros diferentes; a veces, libros casi completos que hace tiempo estuvieron dispuestos para ser impresos, como *La Realidad Invisible,* que me enseña, y del que sólo hay publicada una pequeña parte». Juan Guerrero Ruiz, *Juan Ramón de viva voz,* Madrid: Insula, 1961, p. 207.

dida con su existencia, dirá años después) y ha de cambiar con él, conforme él cambia, como parte de un organismo vivo, de una existencia.

Además, en esos años ha empezado a preocuparle la idea de la unidad de su obra. El 7 de marzo de 1922 confía a Juan Guerrero que "no quiere dar más libros provisionales como los que lleva publicados, ya que no le gustan. El ve su obra con una perfección tal, que sólo así quiere darla, y como es capaz de mejorarla cada día, no se decide a dejarla ...". "Claro es que en esta pugna a que está sometido entre la creación y la labor de depuración" —se lamentaba el poeta— "se le van pasando los años sin publicar y puede que muera sin ver su obra editada" [2].

Todas estas razones debieron influir en la decisión final: reunir dos volúmenes representativos de su obra de esos años. Con esto clausuraba una época central, muy importante, de su poesía (de la que los lectores de Juan Ramón no llegaron, por todo lo dicho, a conocer más que una selección antológica).

En los años que siguen inmediatamente dos tareas van a ocupar su atención. Por un lado, acomete el gran proyecto de estructuración y revisión (meditación, depuración, ordenación) de su obra. A él estaba entregado al comenzar la guerra civil, habiendo llegado a dar un volumen (el tercero, según el orden proyectado): *Canción* [3]. Por otra parte, el poeta continúa su obra de creación. Pero ahora no va a dar su obra en libros, sino en *cuadernos,* en *hojas.* Aparecidos entre 1925 y 1935 [4], esos *cuadernos* y *hojas* van a ser algo así como el 'boletín poético de noticias y varapalos' de Juan Ramón, su instrumento de comunicación con *su* público. Así conseguía también el poeta, para sí y para ese público, una mayor inmediatez entre *vida* y *poesía.* Fieles a la idea de *diario,* los cuadernos ofrecen de todo: poesía nueva y antigua revivida, prosa

---

[2] *Juan Ramón Jiménez de viva voz,* p. 49.

[3] Como es sabido, la ordenación según el proyecto de 1936 era por géneros y formas. Se dividía en tres partes y comprendía un total de ventiún volúmenes, con el título general de *Unidad: Obra poética (desde 1895).* (I) VERSO: 1. Romance; 2. Canción; 5. Estancia; 7. Arte menor; 9. Silva; 11. Miscelánea, y 13. Verso desnudo. (II) PROSA: 2. Verso en prosa; 4. Leyenda; 6. Viaje y sueño; 8. Trasunto; 10. Caricatura; 12. Miscelánea, y 14. Crítica. (III) COMPLEMENTO: A. Resto; B. Traducción; C. El padre matinal; D. Artes a mí; E. Críticos de mi ser; F. Cartas, y G. Complemento jeneral.

[4] Son *Unidad* (8 cuadernos de 12 hojas cada uno), 1925; *Obra en marcha (Diario poético de J. R. J.)* (1 cuaderno de 4 hojas), 1928; *Sucesión* (8 cuadernos), 1932; *Presente* (20 cuadernos), 1933; *Hojas* (serie de 20 hojas sueltas), 1935. Pueden verse hoy reunidos en un volumen: *Cuadernos de Juan Ramón Jiménez,* ed. de Francisco Garfias, Madrid: Taurus, 1960; 2.ª ed. 1971. También hay que tener en cuenta la publicación de *Sí (Boletín Bello Español, de El Andaluz Universal),* Madrid: León Sánchez Cuesta, Librero; Imprenta de Zoila Ascasibar, I (julio, 1925); y *Ley (Entregas de Capricho). Ley a algo; a la Poesía, por ej.,* Madrid: León Sánchez Cuesta, librero; Imprenta Ascasibar y Cía., 1927.

poética, aforismos, caricaturas líricas, crítica, cartas, etc. En lo tocante a la
poesía nueva en verso, el cambio con respecto a *La realidad invisible* y a la
poesía de 1917-1923 es evidente. Observamos, por lo pronto, en la nueva
poesía una dirección menos intelectualista. También, un abandono de la canción corta, antes preferida como más apta para aprehender la semilla del
instante y de la sensación [5] ("lo inmanente sin tamaño", para usar palabras
del poeta), en favor de una poesía de mayor y más extensa composición.

Pero Juan Ramón nunca olvidó los viejos libros, y muchos de los bellos
nombres de la lista seguirán sonando en las sucesivas ordenaciones de la Obra
que el poeta preparó y no llegó a completar. Tal es el caso de *La realidad
invisible*.

HISTORIA DE 'LA REALIDAD INVISIBLE'.

La creación de *La realidad invisible* debió de comenzar en 1917. En una
de las portadillas preparadas por el autor para la imprenta se dan como años
de creación los de 1917 a 1919; 1920, como año de depuración, y 1921, como
año de corrección. Pero son varios los proyectos de portadas que se conservan,
pertenecientes a distintos momentos. Una más tardía, que debe de ser inmediatamente anterior a *Poesía y Belleza* (lleva ya la declaración "Juan Ramón
Jiménez y Zenobia Camprubí de Jiménez. Editores de su propia y sola obra"),
precisa que "*La realidad invisible* fue escrita ['creada', dice una variante] entre 1917 y 1920, y meditada y depurada entre 1920 y 1922". Una de las portadas manuscritas del autor da 1923 como año (proyectado) de la edición, y
esa portada será probablemente anterior a *Poesía y Belleza*; pero la que
nosotros publicamos coloca la edición en 1924, es decir, en fecha posterior a
ambos libros. Hay, por otra parte, en el texto de *La realidad invisible* que edi-
tamos claros indicios de trabajo posterior a 1923 y de que, aun después de

---

[5] Recuérdese el poema de *Piedra y cielo*:

> Canción corta, canción corta;
> muchas, muchas;
> como estrellas en el cielo,
> como arenas en la playa,
> como yerbas en el prado,
> como ondas en el río ...
>
> Canción corta; cortas, muchas;
> horas, horas, horas, horas
> —estrellas, arenas, yerbas,
> ondas—; horas, luces; horas,
> sombras; horas de las vidas,
> de las muertes de mi vida ...

publicados *Poesía* y *Belleza,* el poeta continuaba pensando en su posible publicación como libro. Entre los poemas de la parte segunda, los hay posiblemente escritos después de morir la madre del poeta, muerte ocurrida en el verano de 1928 [6]. Además, *La realidad invisible* es un libro que, de una u otra forma, halla siempre lugar en los sucesivos proyectos de ordenación que preparó Juan Ramón Jiménez para publicación de su obra completa. No es éste el lugar de hablar de ellos en detalle; baste decir que el propósito sigue en pie al preparar *Leyenda,* la última, inacabada, inédita antología retrospectiva de su poesía (corregida y revivida), un libro amorosamente preparado por el autor, que esperamos dar pronto a conocer.

Cuando escribe el bello apunte neoyorquino *La rosa y la negra* del *Diario de un poeta recién casado,* el título del futuro libro ya le rondaba al poeta. Viajando en el *subway* el 5 de abril de 1916 siente que, brotada del encanto de la muchacha negra que va dormida con una rosa blanca en la mano, *una realidad invisible anda por todo el subterráneo.*

En 1918, al publicar *Eternidades,* aparece el anuncio de *La realidad invisible* (junto al de otros libros luego también representados en *Poesía* y en *Belleza* y tampoco publicados: *Unidad, Luz de la atención, Fuego y sentimiento, Hijo de la alegría, Ellos,* este último anunciado como libro de verso y prosa).

En 1919, en carta a don Ramón Menéndez Pidal, el poeta llega a asegurar (¿exageraba?) que el libro estaba en la imprenta. Debemos explicar que en aquellas fechas el libro iba dedicado *A Ramón Menéndez Pidal, pasado y presente en el futuro.* Don Ramón conocía la dedicatoria, y en carta de 26 de noviembre, 1919, que escribe para agradecer el envío de dos tomos de Tagore (*Regalo de amante* y *Chitra,* publicados ambos en 1919, en Madrid, Imprenta Fontanet), le pregunta al poeta: "Y yo, ¿cuándo me asomaré a la realidad invisible *en pos de la guiadora mano de V.*?". Es entonces cuando contesta Juan Ramón, el 7 de diciembre: "*La 'realidad invisible' está en la imprenta, pero aguarda, para salir, un papel ¡que nunca llega! Sin embargo, creo que podré enviárselo pronto, con otro tomito: 'En la rama del verde limón', que es una selección de canciones a través de mi obra poética; y con unas 'Poesías escojidas' que va a dar la casa 'Calpe', colección que difiere bastante de la que publiqué en la 'Sociedad hispánica'*". *En la rama del verde limón* corrió la misma suerte que *La realidad invisible:* tampoco llegó a publicarse como libro. Pero algunos de sus poemas vieron la luz en revistas literarias, y la idea del

---

[6] En 1931 tenía Juan Ramón el proyecto de publicar un libro sobre su madre, en donde recogería «A la vejez amada» (segunda parte de *La realidad invisible*), y otros materiales sobre ella dispersos en su obra (empezando con la página «Florecillas» de *Platero y yo,* que es sobre la muerte de 'Mamá Teresa', la abuela del poeta, «que murió soñando con flores»). (Véase *Juan Ramón de viva voz,* pp. 45, 46, 160).

libro será germen de *Canción*. En cuanto a las *Poesías escojidas* de Calpe, de que habla el poeta, no se publicarían hasta 1922, entonces con el título de *Segunda Antolojía Poética*.

La primera selección de poemas de *La realidad invisible* la dio a conocer su autor en el núm. LVI de la revista bilbaína *Hermes* (febrero 1920), pp. 79-81, con el encabezamiento "De La realidad invisible". La selección incluía (por este orden) los poemas núms. 8, 2, 84, 116 y 52 de nuestra edición. En octubre de ese mismo año publicó una nueva serie en la revista madrileña *España*: "La realidad invisible (1917-1919) (Libro inédito)", España, año VI, núm. 287, Madrid, 30 de octubre de 1920, p. 9. Corresponde la serie a los núms. 1, 7, 35, 70, 33, 83, 9, 68, 125 de nuestra edición. Otra selección apareció al año siguiente con el mismo título en *La Pluma*: "La realidad invisible (1917-1919) (Libro inédito)", *La Pluma,* año II, núm. 11, Madrid, abril de 1921, pp. 208-213. Son los núms. 51, 6, 119, 14, 53, 64, 42, 10, 88, 94, 91, 98, 41 y 86 de nuestra edición, por este orden.

Algunos otros poemas incluidos en nuestra edición vieron la luz en revistas, según puede comprobarse en las *Notas,* pero no como pertenecientes a *La realidad invisible*[7].

LOS LIBROS ANTERIORES: LOS 'SONETOS', ESTÍO, EL 'DIARIO'.

Nunca se ponderará bastante la influencia que la aparición de Zenobia tuvo en la vida y en la obra del poeta. Parece ser que el encuentro 'oficial' de uno y otro ocurrió en el verano de 1913, en un acto de la Residencia de Estudiantes, en la calle Fortuny. Desde fines de diciembre de 1912, Juan Ramón estaba

---

[7] En el Archivo Histórico Nacional se guardan tres hojas impresas de lo que pudiera haber sido galeradas para revista o más bien libro (¿quizás el proyectado volumen de *La realidad invisible*, que llegó realmente a enviarse a la imprenta como dice la carta de Juan Ramón a Menéndez Pidal?). Es de notar que las tres hojas contienen ocho poemas, pero numerados del XIV al XXI. Después, el autor pensó publicar estos ocho poemas como unidad independiente, y numeró a mano los poemas con numeración correlativa del 1 al 8 (terminando con el característico remate: *y 8*). Finalmente, los poemas vieron la luz separados: el núm. 1 en *La Pluma* (abril, 1921); los núms. 2, 3, 4, 5 y 7 en *España*, núm. 287 (30 de octubre de 1920); el núm. 6 en *Índice*, núm. IV (abril, 1922); el núm. 8 en *España*, núm. 396 (17 de noviembre de 1923). Los siete primeros pasaron también a *Poesía* (núms. 106, 66, 3, 123, 102, 84 y 6, respectivamente), y el octavo a *Belleza*, núm. 80. Al margen de algunos poemas aparecen, de mano del poeta, las anotaciones *Esp.* y *P.*, que parecen referencias a la revista *España* y al libro *Poesía*. Los ocho poemas llevan en nuestra edición los núms. 86, 83, 35, 70, 125, 11, 33 y 124, por este orden.

de vuelta en Madrid, después de varios años de estancia en Moguer. Instalado desde el otoño de 1913 en la Residencia, y en contacto muy estrecho con las gentes de la Institución Libre de Enseñanza, Juan Ramón va a vivir entonces la doble y enriquecedora experiencia humana de su enamoramiento, ahora realísimo y por una realísima mujer, y de su trato espiritual con las mejores cabezas de España.

Sonetos espirituales, aunque hoy un poco al margen del caudal hondo de su poesía, es ya en mucha parte un libro espiritualmente nuevo [8]; y lo más hondo y sincero del libro es la presencia de Zenobia. Significativamente, el libro fue escrito entre 1913 y 1914, cuando aún las relaciones no habían dado paso al noviazgo oficial (y, mucha parte, en el verano de 1914, encontrándose Zenobia ausente de Madrid). La agitación y el petrarquismo de algunos sonetos de ahí proceden. La influencia de los 55 sonetos espirituales de Juan Ramón en la historia de la lírica española posterior ha sido incalculable, empezando por el culto al soneto mismo y a la perfección formal, pero la experiencia acabó de convencer a Juan Ramón de que su poesía debía ser creada en libertad.

En el libro siguiente, *Estío,* escrito en 1915, Juan Ramón ha andado leguas en el camino de encontrarse. ¡Qué lejos ahora de *Laberinto* y *Melancolía,* los dos libros que preceden inmediatamente a los *Sonetos!* Y qué significativos resultan los títulos. En *Estío,* un libro casi siempre alegre y luminoso, como un verano, Juan Ramón ha salido de su *melancolía* obsesiva, de su *laberinto* de los últimos años; de "la dichosa rutina cariacontecida de su interior", para emplear la graciosa expresión de Zenobia en una de sus cartas de 1913 a Juan Ramón. Y la salida es obra, por supuesto, de su amor por y de Zenobia. Gracias a él, Juan Ramón sale de su soledad y encuentra la realidad. A todo va a ir con ojos nuevos [9].

---

[8] Así pensaba el mismo Juan Ramón y lo dejó dicho en varias ocasiones. En el diario de Juan Guerrero (21 de marzo de 1931), hablando de sus proyectos de publicación de la obra completa, insiste el poeta en la necesidad de corregir los libros *anteriores a Sonetos espirituales*: «... porque hay libros míos que me dan vergüenza; así, que me avergüenzan; son todos los anteriores a los *Sonetos, Estío, Platero* (hasta cierto punto), el *Diario,* etc. Desde éstos, ya estoy más conforme ...» (*Juan Ramón de viva voz,* p. 91).

[9] La correspondencia de Zenobia y Juan Ramón en esos años es iluminadora. A pesar de sus esfuerzos iniciales, se pone en seguida de manifiesto que al enamorado pretendiente le iba a resultar imposible mantener el *tono* de *Melancolía* y de *Laberinto* en su comunicación con una muchacha que no mostraba ningún aprecio por ese tono, y que así se lo decía con tremenda, aunque gentil, franqueza. Por primera vez, además, el poeta se encontraba en situación de inferioridad, ante aquella interlocutora a quien

Lo anterior ya no le sirve, se le convierte en "borradores silvestres". Resulta interesante comparar los títulos de los libros anunciados en *Melancolía* y *Laberinto* con los que anuncia *Estío*. La nueva sensibilidad ha arrumbado a la vieja, y hay libros o títulos que, envejecidos antes de nacer, ya no se anuncian en *Estío* (ni antes en *Sonetos espirituales*): *Libros de amor, El dolor solitario, Insomnio* ... (proyectos que hoy conocemos sólo por las muestras publicadas en la *Segunda Antolojía Poética*).

Pero el encuentro definitivo del poeta consigo mismo ocurrirá en el mar, en su primer mar, el que cruza camino de Nueva York y de Zenobia, con quien va a casarse. Poco lo sospecharía el poeta cuando, el 29 de enero (de 1916), en Cádiz, antes de embarcar, lo ve desde las murallas: "*Aun cuando el mar es grande, / como es lo mismo todo, / me parece que estoy ya a tu lado* ... / [le dice a la novia en uno de los primeros poemas de lo que va a ser el *Diario de un poeta recién casado*} / *Ya sólo el agua nos separa, / el agua que se mueve sin descanso, / el agua, sólo el agua!*". El amor y Zenobia ocupan su pensamiento [10].

Tres días después, sobrecogido, escribiría su poema *Soledad,* y el drama (el diario) entre el poeta y el mar ha comenzado. De momento, todo lo demás queda en olvido.

> En ti estás todo, mar, y sin embargo,
> ¡qué sin ti estás, qué solo,
> qué lejos siempre de ti mismo!
>
> Abierto en mil heridas, cada instante,
> cual mi frente,
> tus olas van, como mis pensamientos,
> y vienen, van y vienen,
> besándose, apartándose,
> con un eterno conocerse,
> mar, y desconocerse.
>
> Eres tú, y no lo sabes,
> tu corazón te late y no lo siente ...
> ¡Qué plenitud de soledad, mar solo!

---

deseaba con toda el alma impresionar favorablemente y complacer, y de quien estaba absolutamente enamorado, sin hallar correspondencia hasta pasado bastante tiempo.

[10] Es la mejor garantía de la autenticidad y verdad de la experiencia que el poeta va a vivir en el mar. En otras ocasiones será él quien vaya en su busca, quien intente hacerla vivir en sí. Ahora, no. Aquello que narra en sus versos le coge de improviso, casi podemos decir sin estar espiritualmente preparado, cuando su ánimo y su atención estaban puestos en otras cosas. El carácter de *diario* que tiene el libro, con su secuencia cronológica, ayuda a sentirlo y comprenderlo, y resulta uno de sus mayores aciertos.

INTRODUCCIÓN

Y en esa plenitud de soledad, algo pequeño, una conciencia humana inqui-
riendo. Se diría que aquella inmensa vastedad, imponiéndose, reduce el hombre a sus debidas proporciones. El efecto es aleccionador: una humildad, nunca antes sentida, le deja en una como desnudez propicia al diálogo con el misterio.

El diálogo, a veces hostil, a veces en entendimiento, se alarga hasta la llegada del poeta a Nueva York, más exactamente hasta el 11 de febrero, en que
el poeta fecha su último poema en el mar. Sólo en dos poemas, el 5 de febrero, escapa el poeta a la obsesión del mar y vuelve a su amor (poemas 38 y
39). Pero aquel mismo día, el mar lo absorbe de nuevo: *"Parece, mar, que
luchas / ... / por encontrarte o porque yo te encuentre"*. En este poema último
antes citado, fechado el 11 de febrero, el poeta va a expresar la condición esquiva de la infinitud que llama y huye, poniendo la duda en el alma sobre su
misma existencia.

> Delante, en el ocaso, el sí infinito
> al que nunca se llega.
>   —¡Sííííí!
>   Y la luz,
> incolora,
> se agudiza, llamándome...
>
>   No era del mar... Llegados
> a las bocas de luz que lo decían
> con largor infinito,
> vibra, otra vez, inmensamente débil
> —¡síííí!—,
> en un lejos que el alma sabe alto
> y quiere creer lejos, sólo lejos...

Viene entonces la llegada a Nueva York. El mar, por supuesto, queda olvidado. Zenobia y el amor lo ocupan todo, y al lado brotan frescas impresiones
de viajero por América del Este. Felicidad. Hasta el verso, que, en el mar, se
había despojado de la rima (el poeta explicará más tarde que fue el impredeci-
ble ritmo del mar quien trajo el verso libre, el otro grande hallazgo del
Diario), vuelve ahora a la rima, aunque no sistemáticamente.

Los poemas del *Mar de retorno* se inician el 7 de junio. En los primeros
poemas sigue el estado espiritual de tierra. Los versos siguen también riman-
do (no siempre). El 8 de junio el poeta cree haber dominado el mar y verlo
¡Desnudo ya, sin nada / más que su agua sin nada! / ¡Nada ya más!". A poco,
el diálogo se reanuda. Empieza con una imprecación del poeta, como protes-
tando del silencio del mar, que ahora, en este camino de vuelta, parece igno-

rarlo: *"Le soy desconocido. / Pasa, como un idiota, / ante mí..."*. El 14 de junio escribe Juan Ramón un estupendo poema al mar —a su fuerza y grandeza, vacilante, de *"borracho colosal"*, de *"San Cristóbal"*, *"acostumbrado a levantar navíos a los cielos"*—, y en él se queja todavía del olvido del mar (*"no quieres nada conmigo"*, le dice) y se lo reprocha: *"... entre tu ida / y mi vuelta / resta el despego inmenso / de una eterna nostaljia"*. En este poema y en los que se avecinan está ya expresado, con una sencillez y sinceridad no siempre después alcanzadas, un sentimiento que estará desde entonces presente, de distintos modos y con distintos matices, en la poesía de Juan Ramón: un anhelo de infinito, de eternidad (que no es siempre in-mortalidad), de totalidad... Está en su admiración al *Mar despierto* (poema fechado el 15 de junio): *"¡Mar fuerte, oh mar sin sueño, / contemplador eterno, y sin cansancio / y sin fin, del espectáculo alto y solo / del sol y las estrellas, mar eterno!"*. El poema *Partida*, de ese mismo día, lo expresa recordando *"aquel afán, un día presentido, / del partir sin razón"*, que el poeta habría experimentado de niño, y que ahora en el mar vuelve a sentir de nuevo, por primera vez desde entonces, hermosamente explicado (con imprecisión mística) en el poema:

> Este era, esto es, de aquí se iba,
> como esta noche eterna, no sé adónde,
> a la tranquila luz de las estrellas;
> así empezaba aquel comienzo, gana
> celestial de mi alma
> de salir, por su puerta, hacia su centro... [11].

En los poemas que siguen, alternan la seguridad y la inseguridad: *"Sólo estamos despiertos / el cielo, el mar y yo —cada uno inmenso / como los otros dos—. / Hablamos, lentos, / de otras cosas, serena y largamente, / toda la madrugada..."* (16 de junio). *"De pronto, esta conciencia triste / de que el mar no nos ve; de que no era / esta correspondencia mantenida / días y noches por mi alma / y la que yo le daba al mar sin alma..."* (19 de junio).

Pero ese mismo día 19, en vísperas de echar ancla a tierra, hace el poeta una recapitulación de lo que el viaje le ha dado, en un revelador poema que es como una acción de gracias "al mar y al amor". Lleva un nombre bien puesto: *Todo.*

> Verdad, sí, sí; ya habéis los dos sanado
> mi locura [12].

---

11   También está ya presente en el poema la conciencia de que para ir a ese ignorado lugar (aludido con un «no sé adónde» que recuerda la búsqueda del alma en el *Cántico espiritual* de San Juan) el alma tiene que *ensimismarse*, hallarlo en su propio centro.

El mundo me ha mostrado, abierta
y blanca, con vosotros,
la palma de su mano, que escondiera
tanto, antes, a mis ojos
abiertos, ¡tan abiertos
que estaban ciegos!

 ¡Tú, mar, y tú, amor, míos,
cual la tierra y el cielo fueron antes!
¡Todo es ya mío ¡todo! digo, nada
es ya mío, nada!

Desde entonces, enamorado de la realidad, y cada vez más inquietado por una transrealidad sólo entrevista, el poeta se aplicará a mirar ese todo-nada, todo *ya* (epifánicamente) por hacer, nada aún hecho (puesto que el poeta ve ahora su obra como partiendo de cero). *Eternidades, Piedra y cielo* y los libros representados en *Poesía* y *Belleza* será la poesía encargada de contarnos el resultado de esa nueva contemplación. Todos son libros de *una* época. *Eternidades,* según una declaración del poeta, se empezó en 1916 (hay que suponer que después del 1.º de julio, fecha del regreso a Madrid tras el viaje del *Diario*) y se escribió a lo largo de 1917. *Piedra y cielo* fue escrito entre 1917-1918. Las fechas de los libros de *Poesía* y *Belleza* oscilan casi todas entre 1917-1920. Son, pues, libros escritos en los mismos años y, en la mayoría de los casos, en creación simultánea [13].

De aquí su unidad de estilo. Con el *Diario* había quedado definitivamente arrumbada la poesía de *Melancolía* y *Laberinto*: el vago impresionismo dirigido a sugerir imprecisamente sensaciones y estados de ánimo, la rica (a veces demasiado rica) musicalidad del verso, el (trivial) sentimentalismo, la displicente dejadez, el enervante pesimismo, el erotismo obsesivo (claramente producto de una mal soportada castidad) ... Todo esto acaba con el matrimonio y el mar, como dijo Juan Ramón en el *Diario*.

Liberado de su neurastenia depresiva, vigorizado en el ánimo y mirando al futuro en una tranquila y esperanzada disposición vital, el poeta se encontraba

---

[12] Curado, al menos aquella neurastenia prematrimonial que lo mantenía apartado de la realidad, y 'construyendo con la masa ilusoria' (para usar la expresión del poeta en el poema CLX). Caídas en unas u otras formas de neurastenia las tuvo el poeta hasta el fin, pero ya nunca le cegaron la lucidez estética, aunque sí la capacidad de trabajo.

[13] Para Juan Ramón, *La realidad invisible* era un libro muy unido a *Eternidades* y a *Piedra y cielo*. En algún momento pensó publicar los tres libros en un volumen, como se ve en un boceto de edición del que tengo copia. Es un proyecto sin fecha, pero antiguo. Como fechas de las poesías da los años 1916-1919.

ahora en magníficas condiciones para llevar a cabo su intento: adentrarse en la entraña de la realidad poética. Por lo pronto, su poesía gana inmediatamente en esencialidad. Se *desnuda* en el contenido y en la expresión. Desde ahora se tratará, sobre todo, de hacer una poesía dirigida a la inquisición y aprehensión de contenidos esenciales, y a expresar lo inquirido o aprehendido con una lengua poética también esencial, desnudada de adherencias inoperantes, inesenciales (o sea de todo aquello no dirigido a lograr esa función esencial de conocimiento y comunicación). Ya tendremos después ocasión de precisar esto más.

El mar le ha dado acceso a una forma de esencialidad que se convertirá en paradigma y meta. La gran lección es que el todo, como la nada, es uno y solo y desnudo. Y que hay una adecuación entre la infinitud y la eternidad. No es extraño que, desde entonces, la poesía de Juan Ramón esté tan cerca de Platón. Por esta vía también, *algo* de la poesía de San Juan va a aparecer insistentemente en su obra.

El mar le ha dado también un nuevo verso, una nueva 'sintaxis poética', como al poeta le gustaba decir. La inestabilidad del mar, el ritmo suelto del oleaje, darán paso, como algo natural, al verso *libre* del *Diario*. Éste será igualmente el verso de los libros que siguen al *Diario,* un verso también desnudo, con una función esencialmente expresiva y no ornamental ni musical; un verso que resultaba también más natural a la nueva realidad que indaga el poeta, que no es ya una realidad de tierra *firme,* sino movediza y llena de agujeros, como el mar, porque no estará vista en superficie, sino en profundidad [14].

La poesía de 'La realidad invisible'.

Hay tres temas (*presencias,* y también *presencias desnudas,* los llamará el poeta) muy importantes en la poesía de Juan Ramón en esos años. El poeta les dedicó tres libros nunca publicados, que están en la lista de *Poesía y Belleza;* y les dio luego cabida en las sucesivas ordenaciones de su obra (también en *Leyenda*). Los nombres que su autor les puso son de por sí significantes, pero hay que advertir que cada uno contiene en parte o se comunica con otros grandes temas de la poesía de Juan Ramón. Los títulos de estos tres libros son: *La*

---

[14] Lo que nunca abandonó el poeta en esta época fue el sentido arquitectural de la composición, el despliegue estructural de los versos en función del poema, visto como una unidad, casi como un objeto físico. Esto se percibe bien en las correcciones de *La realidad invisible.* Por eso se comprende la indignación del poeta cuando Eugenio d'Ors escribió en 1930 que su poesía era *amorfa* (véase *Juan Ramón de viva voz,* p. 62).

muerte, La Obra y *La mujer desnuda.* El tema del primero, el más preñado de
contenidos, está en relación con el tema de la infinitud, de la eternidad, de
Dios, de la existencia ... *La Obra* se relaciona inevitablemente a su vez con
estos mismos temas por la función *salvadora* (una salvación que nada tiene que
ver con la manriqueña 'vida de la fama') de la poesía. (Aparte los poemas que
podríamos llamar de 'poética' y aun de 'ética estética', el tema de la *Obra* en
Juan Ramón siempre tiene que ver con el sentido de la propia existencia y, por
extensión, con el sentido de la existencia humana). Por último, los poemas de
La mujer desnuda (en cuanto título, un símbolo de lo erótico, de lo que Juan
Ramón llamó en *Animal de fondo* "la sensualidad hermosa") tienen, a su vez,
relación con los otros dos temas o presencias, ya que la poesía de Juan Ramón,
de unas fortísimas raíces eróticas, explícitas o implícitas, toda ella, siempre
contempla esos temas desde la totalidad del ser del poeta. No hay que olvidar
tampoco la tradicional relación entre *amor* y *verdad,* y, en una poesía de raíces
platónicas como la de Juan Ramón, el carácter cognoscitivo del *eros* platónico.
Por eso, Juan Ramón dudó a veces entre el título de *La mujer desnuda* y el de
La verdad desnuda[15]. (Antonio Machado resumió esa relación, por boca de
Abel Martín, en breve copla andaluza: "Sin mujer / no hay engendrar ni saber"). Recordemos, por último, algunos poemas de Juan Ramón en donde la
mujer, y a veces, específicamente, la *mujer desnuda,* aparecen como símbolos
de la muerte, en parte (sólo en parte), por aquella tendencia del poeta a crear
asociaciones con que neutralizarla y neutralizar su propio temor ante ella. Tenemos un ejemplo en el poema 36 de *Poesía,* el que comienza:

> Ven ya del fondo de tu cueva oscura,
> desnuda, firme y blanca,
> y abrázate ya a mí, fin de mi sueño! ...

La asociación la declaró, además, el poeta en uno de sus aforismos o con-
fesiones críticas de esos años: "Suelo confundir la mujer desnuda con la muerte", diría en 1923 (en "Del libro inédito 'Colina del alto chopo' (1915-1920).
Soledades madrileñas y aforismos", *Revista de Occidente,* año I, núm. II, agosto de 1923)[16].

La realidad invisible se mueve en gran parte sobre el mismo terreno que

---

[15] *Juan Ramón de viva voz,* p. 160. Un apunte de portada para un libro con el
título de *La verdad desnuda,* que se conserva en Puerto Rico, fechado por J. R. J. en
Madrid, 1931, engloba, sin embargo, los tres libros (temas o presencias), que aparecen
como subtítulos: *1. La muerte; 2. La mujer desnuda; 3. La obra (1915-1920).*

[16] Puede verse en Juan Ramón Jiménez, *Pájinas escojidas. Prosa,* Selección de Ricardo Gullón, 2.ª edición, Madrid: Gredos, 1970, p. 91.

estos tres libros pisan. Muchos de sus poemas tienen que ver con la muerte, con la obra, con la mujer (amor y sensualidad) y con los otros grandes temas con que éstos se relacionan. De hecho, Juan Ramón pasó a veces poemas de esos libros a *La realidad invisible,* y viceversa, y dudó otras a cuál adjudicarlos. Aunque en menor medida, lo mismo ocurre con otros libros de la serie de *Poesía y Belleza,* cuyos nombres también se mencionan en algunos originales de nuestro libro: en los textos 16 y 102, *Unidad*; en los poemas 15, 24 y 34, *Hijo de la alegría*; en el 59 y en el 93, *Fuego y sentimiento*; en los poemas 53, 59, 62, 69 y 70, *Ellos*; en el 29, *Forma del huir*. El nombre de *La muerte* aparece en los poemas 74, 75, 77, 115 y 120, y el de *La mujer desnuda* en el 20 y en el 27 (en el último, *La mujer desnuda*). Finalmente, el nombre de *Piedra y cielo* aparece en los poemas 22, 46, 49, 77, 97, 104 y 116; el de *Eternidades,* en el 120; el de *Desvelo* (que acabó siendo una sección de *Pureza,* en *Segunda Antolojía Poética*), en los poemas 114 y 115; y el de *En la rama del verde limón,* en el poema 85.

En parte, estas vacilaciones se deben al forzoso entrecruzamiento de temas en unos libros de creación simultánea, nacidos al contacto de una realidad que a la conciencia del poeta se presentaba múltiple y una al mismo tiempo, es decir, no seccionada o incomunicada, aunque sí seccionable. Pero esta como ubicuidad de nuestro libro tiene, creo yo, otra razón más poderosa: la naturaleza propia de esa *realidad invisible,* objeto y tema del mismo, una realidad capaz de penetrar o suplantar a cualquier otra.

No es posible dar una universal definición de ella, una definición válida para todas las *realidades invisibles* percibidas o mentadas en el libro. Puede tratarse, a veces, de una pequeña (desatendida) parcela de la realidad total; otras, de una invisibilidad (pequeña o grande) que encierre en sí el secreto de una realidad inmensa. La *realidad invisible* aludida en cada poema es también en cada poema donde hay que encontrarla (y eso he procurado hacer en las lecturas interpretativas incluidas en las notas). Pero cada poema suele encerrar un hallazgo, o supone un esfuerzo por conseguirlo. Quizás sea ésta la nota más constante y característica del libro; libro que nos presenta al poeta situado ante una realidad circundante, envolvente, cercana o lejana, pero siempre por descubrir, siempre por desvelar; libro de indagación, de penetración, de contemplación —nostálgica, gozosa o acongojada— de lo invisible tras lo visible, de últimas o recónditas realidades tras la realidad inmediata.

Por lo que tienen de esfuerzo cognoscitivo, hay poemas dominados por un tono meditativo, hasta dejar a veces al descubierto el íntimo discurrir del pensamiento, como en un monólogo interior. De ahí la tendencia a conducir el discurso por una red bien encauzada por signos de puntuación, interrogaciones, guiones de aparte, y a veces apartes dentro de previos apartes. (Esto último

OBRAS

DE

JUAN RAMÓN JIMÉNEZ

VERSO : XXVII

LA REALIDAD

INVISIBLE

encerraba problemas tipográficos, que Juan Ramón resolvió con el uso de un doble tipo de guiones: — =). En conjunto, sin embargo, tal vez resulten más visibles los poemas de hallazgo, de tono exclamativo, evidenciado en el amplio uso de exclamaciones que encontramos en el libro (aunque hay también exclamaciones que son como suspiros y subrayan el tono meditativo del poema; por ejemplo, los ¡ay! de los poemas 25, 31 ó 38). A veces, la meditación conduce al hallazgo, y entonces encontramos ambos tonos espirituales en un mismo poema.

Poesía de *corazón meditativo* podríamos llamar a la de este libro, para usar una expresión del propio Juan Ramón, escrita, sobre todo, "desde los cuartos de la inteligencia sensitiva", y sin que, por otra parte, se renuncie en ella a ninguno de los sentidos, ni a las infinitas combinaciones de éstos entre sí, como el poeta gustaba de decir.

En mi opinión, esa fruición de lo intelectual (un pensamiento, una lectura, un recuerdo, el propio trabajo, dejan su huella en los sentidos del poeta) y la paralela digestión intelectual de lo sensitivo es uno de los aspectos más notables y valiosos de la obra de Juan Ramón en estos años. Respondía ello a una preocupación por una poesía total ("poeta puro, pero total", dirá el poeta)[17], producto de la inteligencia y de los sentidos. "Vijilemos con nuestra intelijencia nuestro instinto —se autoaconsejará en 1925—, pero dejémosle suficiente libertad para que el niño haga un poco... ¡bastante! lo que quiera"[18]. Y también: "La intelijencia no sirve para guiar el instinto, sino para comprenderlo"[19]. En un poema de *La realidad invisible* que incluimos en los *apéndices* (núm. 139) se plantea la lucha en otros términos:

> La intelijencia pone
> sobre el instinto
> su capa blanca de cuidada nieve,
> y piensa, fría,
> que la oración es blanca.
>
> ¡No, el que suplica
> —debajo, y otra cosa—
> verde, rojo, arraigado, es el instinto!

Sin embargo, a pesar de estas y otras afirmaciones del poder del instinto ("en poesía hay que limitar bien el campo de la inteligencia, porque se puede

---

[17] «Estética y ética estética», *Unidad* (cuaderno 3.º), Madrid: León Sánchez Cuesta, librero, 1925.

[18] *Ibidem*.

[19] «Estética y ética estética», *Sucesión* (cuaderno 3.º), Madrid: León Sánchez Cuesta, 1932.

fácilmente hacer decir al verso forzado cosa muy diferente de la que quiso el instinto, que manda"), en la poesía de Juan Ramón Jiménez, en este y en cualquier período de su obra, la inteligencia nunca pierde las riendas. Aunque *La realidad invisible* persigue una sobrerrealidad o transrealidad, y hay poemas del libro que hablan de algo visto o presentido en sueños, nunca cae en la tentación de la irracionalidad *surrealista,* muy en el aire de aquellos días. Recuérdese que en 1917 nace la palabra *surrealismo* (Apollinaire) y en 1924 aparece el primer manifiesto surrealista de Bretón, y que *La realidad invisible* se escribe, de acuerdo con nuestra edición, entre 1917 y 1924, precisamente. En conversación con Juan Guerrero, el 7 de marzo de 1922, afirmaba Juan Ramón su confianza en el futuro poético de la inteligencia: "todo el movimiento de los ismos —pensaba el poeta— está pasando ya, para volver con más fe a lo de antes, a una dirección intelectualista pura" [20]. "Hay dos dinamismos —dirá tres años más tarde—: el del que monta una fuerza libre y se va con ella en suelto galope ciego; el del que coje esa fuerza, se hace con ella, la envuelve, la circunda, la fija, la redondea, la domina. El mío es el segundo" [21]. Y en 1936 —contestando en *El Sol* al editorial del primer número de *Caballo verde para la poesía,* redactado por Pablo Neruda, donde se reclamaba "una poesía impura como un traje, como un cuerpo…"— escribía Juan Ramón: "Poesía pura no es poesía casta, ni noble, ni química, ni aristocrática, ni abstracta. Es poesía auténtica, poesía de calidad… Pero esta poesía pura (y no hay otra) ha de ser *siempre* poesía responsable. Aquí está la cuestión. El hombre despierto debe responder hasta del hombre dormido. Y el poeta verdadero debe poder responder *siempre,* con su mitad conciente, de lo que escribe su mitad subconciente, oscuro o claro, absurdo o lójico, natural o estravagante. Debe responder *siempre* de cualquier estremo de poesía pura que hable, escriba o cante. Y también de la que no esprese".

Quizás sea el poema núm. 84 de *La realidad invisible* el reconocimiento más claro que jamás hizo Juan Ramón de las limitaciones de la inteligencia y, paralelamente, del poder de las oscuras fuerzas del instinto (de "la mitad subconciente").

> Poder, que me utilizas,
> como medium sonámbulo,
> para tus misteriosas comunicaciones;
> ¡he de vencerte, sí,
> he de saber qué dices,
> qué me haces decir, cuando me cojes:
> he de saber qué digo, un día!

---

[20] *Juan Ramón de viva voz,* p. 48.
[21] «Estética y ética estética», *Unidad* (cuaderno 3.º), Madrid, 1925.

Sin embargo, en este poema, de confesión platónica [22] y romántica, pero no surrealista, lo que resalta es la voluntad de dominio del proceso creador por parte de la inteligencia (de la mitad consciente), algo bien distante del surrealismo.

Y es que la poesía de Juan Ramón (posiblemente fue necesidad intelectual y moral del poeta) siempre aspiró a la construcción de un orden. *La Obra* (*"Casa de tiempo y de silencio"*) lo sería: un orden *perfecto, aislado, inconmovible.* Como poeta, su camino (también podríamos decir su instrumento) era la Belleza, lo cual resultaba muy platónico. (Por distintos caminos, su estética y su ética le llevaban a Platón). Cuando, al fin de su vida, escribe *Animal de fondo* y *Dios deseante y deseado,* esa mansión hecha de poesía y de trabajo se le aparece habitable para un dios, también posible por la poesía y el trabajo vocativo. Desde esta perspectiva, la poesía de Juan Ramón, desde el *Diario* hasta *Dios deseante y deseado,* suponía un doble esfuerzo: de un lado, la creación de esa mansión ordenada que invitaría a dios (a *ello*) a bajar (o subir) para ocuparla; de otro lado, la anárquica e impaciente persecución de ese dios (ese *ello*) (belleza total, eternidad, infinito) a puro impulso de afán y gana. En este proceso, *La realidad invisible* reúne algunos de los momentos más importantes y bellos de uno y otro esfuerzo.

Al escribir *Eternidades,* el poeta había pedido exactitud para la palabra: "*¡Intelijencia, dame / el nombre exacto de las cosas! / ... Que mi palabra sea la cosa misma...*". En qué medida es *exacta* la poesía de *Eternidades* y del resto de los libros de este período, incluida *La realidad invisible,* es cuestión que requeriría un largo estudio. Digamos, al menos, aquí, que nos parece exacta en la ambición de *acercarse a* la realidad, o de aislar las sensaciones, emociones o intuiciones de ella, agarrándolas hasta donde se puedan o se dejen coger, para expresarlas después con la mayor verdad y desnudez posibles. Por eso se comprende que la exactitud era para Juan Ramón sólo un ideal inalcanzable, al que, sin embargo, la poesía debía luchar por acercarse cuanto pudiese: "*Que mi palabra sea la cosa misma...*" quería decir, pues: *Que mi palabra sea*

---

[22] En su conferencia sobre «Poesía y literatura», leída en 1939, en la Universidad de Miami, decía Juan Ramón que la poesía pretende expresar la belleza absoluta. Por eso —añadía— no se puede llegar a ella «si su reino no se pone en contacto con nosotros, si ella no viene a nosotros, si no lo merecemos con nuestra inquietud y nuestro entusiasmo. *De ahí que se pretenda decir, a la manera platónica, que el poeta es un medio, un poseído de un dios posible...*» (el subrayado es mío). (La conferencia está recogida en el volumen *El trabajo gustoso* (*Conferencias*), selección de Francisco Garfias, Madrid: Aguilar, 1961, pp. 35-38; ver la cita en p. 38).

lo más posible como la cosa misma; representación de ella o del conocimiento (o aprehensión, en general) que de ella pueda alcanzar [23].

En un libro como *La realidad invisible,* que trata de una realidad imprecisa o problemática (huidiza o inefable) se comprende que lo más cercano a la cosa misma fuera en ocasiones la imprecisión y el misterio. Que la imprecisión es a veces lo más cercano a la exactitud (como que la máxima desnudez puede ser lo más próximo a la total posesión) lo pudo aprender o hallar corroborado el poeta en la poesía de otro buscador de invisibilidades: San Juan de la Cruz, a quien creo indudable que en esta época leyó mucho. En San Juan comprobaría la riqueza de sugestión de la imprecisión:

> Entréme donde no supe,
> y quedéme no sabiendo
> toda ciencia trascendiendo.

De ahí el misterio y la dificultad de muchos poemas de *La realidad invisible,* donde el misterio y la dificultad tienen *por sí* un valor de conocimiento (o sea de acercamiento a esa sensación, emoción o intuición surgida al contacto de una *realidad invisible,* que el poema pretende expresar. Porque es obvio aclarar que en Juan Ramón (como en las ciencias) exactitud y desnudez no son equivalentes de sencillez, al menos en lo que el término sencillez se oponga al de dificultad. Poesía exacta puede ser poesía difícil, cuando la realidad a expresar lo es; la exactitud entonces consistiría precisamente en ponernos en fiel contacto con esa dificultad (o sea "con la cosa misma"). A esta luz hay que entender el aforismo de Juan Ramón que hemos puesto al frente de la edición: "La poesía debe tener apariencia comprensible, como los fenómenos naturales; pero, como en ellos, su hierro interior debe poder resistir, en una gradación interminable de relativas concesiones, al inquisidor más vocativo" [24].

Pero en la poesía de San Juan también volvería a comprobar Juan Ramón el valor de comunicación de una poesía de símbolos cuando la realidad a expresar no resulta accesible por vía directa. Y su lectura debió a su vez llevarle a una lectura más en profundidad de los simbolistas franceses, con énfasis ahora

---

[23] La preocupación por el problema está bellamente expresado en un poema de nuestro libro, el número 95.

[24] A veces, a través de la creación y corrección de algunos poemas percibimos incluso un proceso de alejamiento o confusión de lo inmediato y concreto (proceso que el lector puede seguir en los facsímiles, y que en ocasiones subraya el mismo poeta en sus anotaciones (véase, por ejemplo, el poema 52). Como resultado, el poema gana en universalidad y en riqueza potencial de contenido. Compruébese también el valor de la ambigüedad o indeterminación en los poemas 22, 26, 28, 31, 34, 65 ó 105.

en los poetas mayores. (Es conocida la insistencia con que Juan Ramón ha aludido a la influencia de los místicos españoles en el simbolismo francés). Viendo el universo como un universo de símbolos, unidos entre sí por misteriosas correspondencias, los simbolistas confiaban en que el contacto con cualquiera de los símbolos que poblaban el universo podía dar paso a algo así como una reacción en cadena que iluminase zonas de otro modo inalcanzables. Esta reacción y resultante iluminación ocurriría fuera y dentro de la conciencia individual. *La realidad invisible* es un libro lleno de símbolos. *Noche, fuego, toro, rosa, sol, estrella, agua, ocaso, alma, luz, cuerpo, libro, río, nube* ... adquieren el valor de símbolos, usados por el poeta para mejor aludir a una realidad invisible tras lo visible y sensible (un simbolismo que el título de los poemas suele subrayar). La imprecisión y el simbolismo esencial de la poesía mística española se alían así en el libro a ideas (o procedimientos) del simbolismo francés y son parte importante de su fisonomía. En este aire el platonismo del poeta se siente a gusto. "Soy, fui y seré platónico", dirá el poeta años después. Y en el mismo escrito: "Que haya 'simbolismo' hoy como ayer en lo íntimo de mi escritura es natural, ya que soy un andaluz (¿no es igual la poesía arábigo-andaluza al simbolismo francés? [25]) y que los místicos españoles decidieron, con los líricos americanos (Poe), ingleses (Browning) y alemanes (Hölderlin) buena parte del simbolismo francés en sus diversos instantes" [26]. ¿Y qué era, ciertamente, el mundo platónico de las ideas sino un infinito universo de correspondencias?

---

[25] En el poema 31 de *La realidad invisible* tenemos un ejemplo del interés que Juan Ramón debió de sentir en esos años por la poesía arábigo-andaluza; interés que comprobamos en esta singular comparación, hecha, por supuesto, sin grandes preocupaciones de exactitud.

[26] En «A Luis Cernuda», carta abierta publicada en *El hijo pródigo* (México), VI (septiembre de 1943). Contestación a un artículo de Luis Cernuda: «Juan Ramón Jiménez», *Bulletin of Spanish Studies* (Liverpool), XIX (octubre de 1942) (reproducido en *El hijo pródigo*, III [junio de 1943], y en el volumen de Luis Cernuda, *Crítica, ensayos y evocaciones*, Barcelona: Seix Barral, 1970, pp. 173-193). A Juan Ramón, sin embargo, le gustaba más poner de relieve la influencia que a partir de 1916 tiene en su poesía la lectura de los poetas ingleses y norteamericanos, y en esa misma carta a Cernuda dice que «los versos de Edwin Arlington Robinson, de William Butler Yeats, de Robert Frost, de A. E., de Francis Thompson, unidos a los anteriores de Whitman, Gerard Manley Hopkins, Emily Dickinson, Robert Browning, me parecieron más directos, más libres, más modernos, unos en su sencillez y otros en su complicación». «Lo de Francia, Italia y parte de lo de España e Hispanoamérica» —añade— «se me convirtió en jarabe de pico, y no leí ciertos libros que antes me eran favoritos. (Entre lo francés que seguí y sigo leyendo con admiración y goce, me refiero a lo contemporáneo, quedaron André Gide, Paul Claudel y Marcel Proust, poetas grandes los tres. Los poetas siguientes que más me han interesado no eran simbolistas ...)».

También el método platónico de acercamiento a la verdad era un camino que la conciencia recorría, apoyándose en las cosas, para, sobre ellas, llegar a las ideas. Y en este camino o elevación, la belleza (por más visible o resplandeciente) ofrecía los mejores puntos de apoyo. También para Juan Ramón la belleza va a ser camino de verdad y bien. Cuando se habla del esteticismo de Juan Ramón, y se le da un sentido limitador, se olvida que para Juan Ramón —como para Platón— Estética es tanto como Metafísica y como Ética: conocimiento de la realidad y norma de vida.

Esto lo vemos en *La realidad invisible,* en donde la Belleza puede ser o representar tantas cosas: anhelo de infinito, eternidad, dios, *ello* (el gran secreto, ser misterioso, que se ofrece y huye sin dejarse coger). Pero *ello,* la infinitud, lo eterno puede ser más que Belleza, o algo que no es *sólo* Belleza, al igual que en Platón, y al igual que en el *dios deseante y deseado* de Juan Ramón. Es uno de los temas más hermosos en *La realidad invisible,* según lo expresan —con variedad de matices— los poemas 11, 29, 44, 52, 81, 82, 97, 104, 106, 107, 108, 114, 115, 116, 121, 125, 142. A veces, el sentimiento de eternidad e infinito puede despertarse ante una puesta de sol (poemas 85, 93, 131), o —en buena tradición mística— con la contemplación de una noche estrellada (poemas 12, 28, 29, 36, 81, 118, 127). Son también temas importantes, y tienen a veces estrecha relación con los que acabamos de mencionar, el tema del tiempo (poemas 9, 30, 34, 73, 74, 75, 79, 91, 92, 100, 101, 102, 112, 113, 119, 120, 122, 123, 124, 132, 137) y el tema de la *Obra,* de la creación, de la poesía (poemas 8, 10, 14, 22, 35, 37, 39, 41, 47, 51, 83, 84, 86, 89, 96, 129, 144).

Un cierto número de poemas se relaciona con la mujer, con el amor, con la 'comunicación' (suelen ser poemas conyugales, algunos muy interesantes) (números 13, 20, 23, 24, 25, 27, 32, 38, 42, 43, 45). Notemos también los poemas dedicados a expresar la satisfacción del poeta en su casa, rodeado de sus cosas y de sus libros (como en los números 15, 18, 40 y 128); aquellos cuyo tema es un sueño o los sueños (16, 88, 110, 112, 115); los que cantan un sentimiento de alegría, frecuentemente en armonía y comunicación con la belleza exterior (3, 4, 87, 94, 99, 126) ; y también algunos poemas dedicados al mundo del dolor, del insomnio, del fracaso, en una cierta comunicación cordial con 'el otro' (poemas 6, 7, 19, 55). Por supuesto, una parte sustancial del libro —la parte segunda, "A la vejez amada"— la dedicó el poeta a su madre (muy específicamente, los poemas 53, 54, 57, 58, 59, 60, 61, 62, 63, 64, 65, 66, 68, 69, 70, 71, 72, 76, 77, 78, 79, 133, 134), o a 'Ellos' (sus familiares, 'Ellos de mi propia sangre', como dice en otro lugar) (poemas 67, 80). Toda esta parte segunda tiene una relación muy estrecha con el tema general de la muerte.

* * *

La mayoría de los textos de *La realidad invisible* se encontraba en casa del poeta, en Puerto Rico, al morir éste en 1958. De allí fueron trasladados, junto con el resto de sus papeles y documentos, a la Sala Zenobia-Juan Ramón, instalada, viviendo aún el matrimonio, en la Biblioteca de la Universidad (en Río Piedras). Los papeles, que se encontraban en cajas o en estantes en vida del poeta, fueron depositados en grandes sobres, tratando siempre de conservar el orden que antes tenían. Los que evidentemente andaban sueltos o traspapelados y fuera de su sitio se incorporaron a los sobres que, por su contenido, parecía corresponderles. En esta delicada labor trabajaron durante varias temporadas Raquel Sárraga y Ricardo Gullón.

Cuando yo me hice cargo de los textos de *La realidad invisible,* durante un verano de trabajo en la Sala Zenobia-Juan Ramón, en 1970, éstos se encontraban juntos, atados con una cinta de seda, y guardados en un sobre con el nombre del libro. El orden de los textos en mi edición es, básicamente, el que tenían en el sobre. Las alteraciones en la secuencia numérica con respecto a la que allí tenían se deben, más que nada, a la inclusión de los textos procedentes de Madrid (Archivo Histórico Nacional), amablemente enviados por Francisco H.-Pinzón Jiménez, y a la de algunos textos de Puerto Rico encontrados fuera de lugar [27]. Estos textos los intercalé en donde me pareció que encajaban mejor. Finalmente, y después de pensar mucho la estructura del libro, hice yo mismo algunos cambios, tratando de adivinar la intención de Juan Ramón.

También he respetado esa voluntad (cuando estaba expresa en notas y apuntaciones) o he tratado de adivinarla, en la composición del libro, en la tipografía (hemos usado los hermosos tipos elzevirianos que Juan Ramón popularizó en España), en el papel y en multitud de detalles de la edición. La Imprenta Aguirre, que imprimió bellamente muchos libros de Juan Ramón, entre ellos *Canción,* y que aún conserva los viejos tipos que entonces se emplearon, ha puesto gran cuidado, y mucha paciencia, en la presente edición, y por ello les estoy muy agradecido.

Deseo también expresar mi agradecimiento a don José Domínguez y a don Enrique Velasco por el buen gusto y exactitud con que han logrado reproducir los textos facsímiles, sin dejar fuera ni el trazo más débil del lápiz del poeta.

Mi deuda con Raquel Sárraga, Ricardo Gullón y Francisco H.-Pinzón Jiménez ya queda expresada en la dedicatoria de esta edición. A Raquel Sárraga le agradezco también el envío posterior de un microfilm con los textos de la Sala. A Francisco H.-Pinzón debo puntualizaciones y aclaraciones importantes,

---

[27] Los textos procedentes del Archivo Histórico Nacional (Madrid) corresponden a los poemas núms. 18, 19, 24, 40, 43, 44, 46, 48, 97, 99, 111, 113, 115, 116, 117, 118, 127, 128, 129, 133 y 134 de esta edición. Para el poema 111 también he tenido en cuenta otros dos textos procedentes de Puerto Rico.

además del envío desde Madrid de textos adicionales y del microfilm con los poemas del Archivo Histórico Nacional, así como el permiso de la familia del poeta para publicar la presente edición.

Finalmente quiero hacer público mi reconocimiento a la Universidad de Puerto Rico (Río Piedras) por las facilidades que me dio en todo momento para que pudiera estudiar los fondos de la Sala Zenobia-Juan Ramón y por su autorización para publicar los papeles del poeta; al Archivo Histórico Nacional (Madrid) por su permiso para reproducir los textos allí conservados, y a la Universidad de Wisconsin (Madison) y a la Universidad de California (Davis) por su ayuda en fondos de investigación para preparar esta edición.

* * *

Es ésta una edición crítica, la primera en publicarse de una obra de Juan Ramón Jiménez. Lo es en el sentido usual de la palabra, en el sentido de que 1) se han examinado exhaustivamente los fondos de archivo juanramonianos y las publicaciones en donde el poeta colaboraba entre 1917-1924, en busca de textos publicados o inéditos (definitivos, duplicados, borradores o anotaciones) que perteneciesen a este libro; 2) se ofrece en notas la información pertinente a cada texto y las variantes (por mínimas que sean) entre el texto base y los demás que puedan existir; 3) se interpretan y explican las anotaciones y señales hechas por el poeta en el texto base (que, por su parte, el lector puede él mismo examinar en las reproducciones facsímiles). (Todo lo referente a las NOTAS lo encontrará el lector aclarado en las observaciones preliminares de aquella sección, en las págs. 301-304).

No es usual editar críticamente a un poeta moderno. Estas ediciones suelen reservarse para los antiguos... ¿Cuán antiguos? Los primeros editores de los 'clásicos modernos', en el siglo XVIII, se hicieron la misma pregunta, y tuvieron que forzar la misma resistencia. ¿Hasta cuándo debemos esperar para editar críticamente a un autor moderno, cuántos manuscritos debemos dejar perderse, cuántas huellas borrarse, cuántos hombres y mujeres que conocieron al autor debemos dejar morirse, antes de editarle como se edita a los antiguos?

Un tercer tipo de notas he añadido a esta edición: una lectura interpretativa de cada poema. El poema se da él a sí mismo, sin necesidad de intermediarios, mejor y más plenamente que puede hacerlo cualquier comentario. Sin embargo, llegar a acercarse al interior de un poema requiere muchas veces esfuerzo, tiempo y un buen conocimiento de la poesía que *en ese momento* está haciendo el poeta. Los comentarios —siempre breves— que acompañan a cada poema en esta edición van dirigidos a encauzar la lectura hacia ese interior, tratando de asomarse a él, en la medida de lo posible y de nuestras fuerzas.

INTRODUCCIÓN

Los textos publicados representan un cierto estadio en la preparación de *La realidad invisible,* cuando, todos juntos, formaban un libro. Unos cuantos fueron posteriormente corregidos, y mejorados. Las correcciones a la Obra no cesaron hasta *Leyenda,* es decir, hasta la muerte del autor. Sin embargo, me pareció que en esta edición debía respetar la temporalidad de los textos. De todos modos, cuando las versiones de *Poesía* o *Belleza* parecen posteriores, ello queda mencionado en las notas.

Transcribo respetando la ortografía y la puntuación de Juan Ramón Jiménez, salvo en caso de error o descuido evidente en los textos o para unificar hábitos del poeta, casos en que, he supuesto, también el autor hubiera introducido la enmienda o la hubiera aceptado.

Cuando una poesía es calificada de *inédita* en las Notas, la indicación hay que referirla al verano de 1975, cuando este libro comenzó a imprimirse.

6/

Obra Poética de
Juan Ramón Jiménez ——→ (negro)
(Verso &. y Serie 2 &. 2] ?
3) 25?

La Realidad ——→ (negro)
invisible

(1917 — 1920)-(negro)
19 ?

Pág. 3.

(Juan Ramón Jiménez, ——————→ (miel)
y Zenobia Camprubí de Jiménez
Editores
re su propia y sóla obra ——→ (negro)

Madrid.

EDICIÓN

PETRO
SELINON

(WIE DAS GESTIRN,
OHNE HAST,
ABER OHNE RAST ...

GOETHE)

JUAN RAMÓN JIMÉNEZ

LA REALIDAD
INVISIBLE

(1917-1920
1924)

Juan Ramón Jiménez

La Realidad
invisible
(1917 ~ 1920
(1924)

Madrid
1924

JUAN RAMÓN JIMÉNEZ

LA REALIDAD
INVISIBLE

(1917-1920
1924)

MADRID
1924

La realidad invisible.

A
Ramón Menéndez Pidal,
presente y futuro?
en el pasado

futuro y pasado
en el presente?

A

RAMÓN MENÉNDEZ PIDAL,

PRESENTE Y FUTURO
EN EL PASADO

La realidad invisible.

La
realidad invisible
1: La realidad invisible: 1, 2: A la
Vejez o muerte, 3: La realidad invisible: y 2
(1917 ~ 1918
1923) 8?
1920)

(·:

1: La realidad invisible: 1,
2: A la Vejez o muerte,
y 3: La realidad invisible: y 2
(1917 ~ 1918
1923))
— 1920)

(·:

(1917 ~ 1918)
(creación ~ 1923)
(expresión 1920)

(·:

(1917 ~ 1918)
(expresión ~ 1920,
corrección ~ 1923))

LA
REALIDAD INVISIBLE

1: LA REALIDAD INVISIBLE: 1, 2: A LA
VEJEZ AMADA, Y 3: LA REALIDAD INVISIBLE: Y 2

(1917-1919
1921)
1920)

La verità invisibile.

La verità invisibile

I

LA REALIDAD INVISIBLE

I

PATRIA

¿DE dónde es una hoja
trasparente de sol?
—¿De dónde es una frente
que piensa, un corazón que ansía?— (¿una?—
(¿huela?—
¿De dónde es un raudal (una corriente
que canta? (Ap.

(Orijinal)

(Neñtzta).

(y apunta).

I

PATRIA

¿DE dónde es una hoja
trasparente de sol?
—¿De dónde es una frente
que piensa, un corazón que ansía?—
¿De dónde es un raudal
que canta?

5

2

2

HABLABA de otro modo que nosotros todos,
de otras cosas, de aquí, mas nunca dichas
antes que las dijera (ella). Lo era todo:
Naturaleza, amor y libro.

Como la aurora, siempre,
comenzaba de un modo no previsto,
¡tan distante de todo lo soñado!
Siempre, como las doce,
llegaba a su cenit, de una manera
no sospechada,
¡tan distante de todo lo (a)contado!
Como el ocaso, siempre,
se callaba de un modo inesperable,
¡tan distante de todo lo pensado!   (¡raro! (Ap.

¡Qué lejos, y qué cerca
de mí su cuerpo! Su alma,
¡qué lejos y qué cerca
de mí!

          ...Naturaleza, amor y libro.

                                   (Original).
                        (Monitor y repuesto).

(Hornos, 2).

2

2

HABLABA de otro modo que nosotros todos,
de otras cosas, de aquí, mas nunca dichas
antes que las dijera ella. Lo era todo:
Naturaleza, amor y libro.

 Como la aurora, siempre,   5
comenzaba de un modo no previsto,
¡tan distante de todo lo soñado!
Siempre, como las doce,
llegaba a su cenit, de una manera
no sospechada,   10
¡tan distante de todo lo contado!
Como el ocaso, siempre,
se callaba de un modo inesperable,
¡tan distante de todo lo pensado!

 ¡Qué lejos, y qué cerca   15
de mí su cuerpo! Su alma,
¡qué lejos y qué cerca
de mí!
   ... Naturaleza, amor y libro.

LA REALIDAD INVISIBLE.

(3) ?

¡CÓMO la luz del día   (le arrica (escelsa (escojía (Ap.

se me entra por los ojos, hasta el alma!

Mi cueva se deslumbra,

pobre como es, de gloria,

y parece colgada de oro vivo.

(A)

Y mi alegría sale

(Au)

de ella, como una hija

bella, desnuda, libre, () ?

(Lavé)

en el raudal contento de mi llanto,

que se lleva la aurora al infinito.

(Orijinal).

(Definitiva).

3   3

¡CÓMO la luz del día
    se me entra por los ojos, hasta el alma!
Mi cueva se deslumbra,
pobre como es, de gloria,
y parece colgada de oro vivo.   5

   Y mi alegría sale
de ella, como una hija
bella, desnuda, libre,
en el raudal contento de mi cante,
que se lleva la aurora al infinito.   10

LA REALIDAD INVISIBLE:)

(Álamo verde)

CHOPO   (Al crepúsculo)? (Ap.

ARRIBA, canta el pájaro,

y abajo, canta el agua.

Arriba y abajo,

se me abre el alma.

Mece a la estrella el pájaro,

a la (flor) hoja mece el agua.

Arriba y abajo,

me tiembla el alma.

(Orijinal).

(Hotitata).

4

4

CHOPO

ARRIBA, canta el pájaro,
y abajo, canta el agua.
Arriba y abajo,
se me abre el alma.

Mece a la estrella el pájaro,   5
a la hoja mece el agua.
Arriba y abajo,
me tiembla el alma.

INVIERNO

VAMOS, callados, por el parque frío,
que la niebla hace ignoto, inmenso, estraño.
¡qué sólo todo !ay! y nosotros dos!

—Silencio. Ceguedad. Silencio.—

De pronto, el sol difuso
—¡oh, dónde estaba el sol!—
de un azul instantáneo de ocaso,
                               (profusión!)—(Ap.
(le) nos da a todo —¡qué ardiente confusión!—
                      (su)
la espectral compaña de la sombra.
    (fantástica)

...confusión,
qué pozrno amante
primavera de elejía,
recuerdo viejo!—)(Ap.

(Orijinal).
(Inédita).

5

INVIERNO

VAMOS, callados, por el parque frío,
   que la niebla hace ignoto, inmenso, estraño.
¡Qué solo todo ¡ay! y nosotros dos!

—Silencio. Ceguedad. Silencio.—

   De pronto, el sol difuso   5
—¡oh, dónde estaba el sol!—
de un azul instantáneo de ocaso,
nos da a todo —¡qué ardiente confusión!—
la espectral compañía de la sombra.

LA REALIDAD INVISIBLE:

¡NUBE blanca,

ala rota —¿de quién?—

que no pudo llegar —¡a dónde!—

(Orijinal).

(inédita).

6   6

¡NUBE blanca,
    ala rota —¿de quién?,
que no pudo llegar —¿a dónde?—!

DESVELO

Se va la noche, negro toro,
(miedo)
—plena carne de luto, de espanto y de misterio—,

que ha bramado terrible, inmensamente,

al temor sudoroso de todos los caídos;

y el día viene, niño fresco,

pidiendo confianza, amor y risa,

—niño que, allá muy lejos,

en los arcanos donde

se encuentran los comienzos con los fines,

ha jugado un momento,

por no sé qué pradera

de luz y sombra,   (sol y luna,)
                                     (estrella(s),
con el toro que huía.—   (nocturno)
                                              (Ap.

(La jugado, como entre castigos.) (Ap.

(Original).
(Nsñtr).

7

7

DESVELO

SE va la noche, negro toro
—plena carne de luto, de espanto y de miste-
que ha bramado terrible, inmensamente,   [rio—,
al temor sudoroso de todos los caídos;
y el día viene, niño fresco,   5
pidiendo confianza, amor y risa,
—niño que, allá muy lejos,
en los arcanos donde
se encuentran los comienzos con los fines,
ha jugado un momento,   10
por no sé qué pradera
de luz y sombra,
con el toro que huía.—

(Tristeza)

UN día, vendrá un hombre
que, echado sobre ti, te intente desnudar
de tu luto de ignota,
¡palabra mía, hoy tan desnuda, tan clara!;
¡un hombre que te crea
sombra hecha agua de murmullo raro,
¡a ti, voz mía, agua
de luz sencilla!

(Original).

(Inédita).

Hemos: de
"La realidad invisible", 1.
(Libro inédito).

8   8

TRISTEZA

UN día, vendrá un hombre
   que, echado sobre ti, te intente desnudar
de tu luto de ignota,
¡palabra mía, hoy tan desnuda, tan clara!;
un hombre que te crea   5
sombra hecha agua de murmullo raro,
¡a ti, voz mía, agua
de luz sencilla!

LA REALIDAD INVISIBLE.

(pleno)

¿NADA todo? Pues ¿y este gusto entero

de entrar bajo la tierra, terminado

igual que un libro bello?

(sola)

¿Y esta delicia plena

de haberse desprendido de la vida,

como un fruto perfecto, de su rama?

(eterna)

¿Y esta alegría sola

de haber dejado en lo invisible   (nuestra

la realidad completa del anhelo, (reposa infinita

como un río que pasa hacia la mar, (cual de...

su perene escultura?   (la...

                                                      (Ap.

(Original).

(Definitiva).

9   9

¿NADA todo? Pues ¿y este gusto entero
de entrar bajo la tierra, terminado
igual que un libro bello?
¿Y esta delicia plena
de haberse desprendido de la vida,   5
como un fruto perfecto, de su rama?
¿Y esta alegría sola
de haber dejado en lo invisible
la realidad completa del anhelo,
como un río que pasa hacia la mar,   10
su perene escultura?

CANCIÓN; tú eres vida mía,

y vivirás; (vivirás;)

y las bocas que te canten,

cantarán eternidad.
(belezán)

(Ozijival).

(Morikoza).

10   10

CANCIÓN; tú eres vida mía,
y vivirás;
y las bocas que te canten,
cantarán eternidad.

LA REALIDAD INVISIBLE.

¡Un cielo, (un cielo)
donde no se supiera
lo que es norte ni sur,
lo que es aurora ni poniente;
un cielo igual, en su jemela luz,
en su color idéntico, en su belleza sóla, *plena*
con la inquietud —¡ay, inquietudes!—
unificada en el cenit!

(Orijival).
(Meritata).

I I

¡UN cielo,
   donde no se supiera
lo que es norte ni sur,
lo que es aurora ni poniente;
un cielo igual, en su jemela luz,   5
en su color idéntico, en su belleza sola,
con la inquietud —¡ay, inquietudes!—
unificada en el cenit!

LA REALIDAD INVISIBLE: 1.

¡Noche; lago tranquilo,

donde miente mi vida

su eternidad, copiando

(mi)
su día fujitivo inmensamente; donde

(donde)
mi corazón está, entre las estrellas,

entre
copiado, como ~~nunca~~ la copia

—cercana e imposible—

de un almendral en flor en un remanso!

(Eterna)   (, sin)
—¡Perpetua amiga, sin los celos ni la envidia
(es tu día,)
de nadie de los días, noche!—

¡Noche, divino espejo,
(donde)   (vuelvo)
en que el cuerpo se ve su alma; igual,

profunda redención de todo el hombre; eterna

engañadora, nunca, nunca

infiel a tu mentira

de justicia y belleza!

(Orijinal).

(Alonjada).

I 2

1 2

¡NOCHE; lago tranquilo,
    donde miente mi vida
su eternidad, copiando
su día fugitivo inmensamente; donde
mi corazón está, entre las estrellas,   5
copiado, como entre la copia
—cercana e imposible—
de un almendral en flor en un remanso!

    —¡Perpetua amiga, sin los celos ni la envidia
de nadie de los días, noche!—   10

    ¡Noche, divino espejo,
en que el cuerpo se ve su alma; igual,
profunda redención de todo el hombre; eterna
engañadora, nunca, nunca
infiel a tu mentira   15
de justicia y belleza!

SOL PONIENTE

¡AMOR; roca en el agua,
con tu pie en ti, no viste,
con tu frente —pie bello— en el espejo!
                (galio)

(con tu cimiento —tu mirar— en ti,
con tu ilusión —tu frente— en el espejo!)
o:
(con tu frente en tu espejo!)
        (copia)
                (Ap.

                (Orijinal).
                (Lejítima).

13

13

SOL PONIENTE

¡AMOR; roca en el agua,
con tu pie en ti, no visto,
con tu frente —pie bello— en el espejo!

LA REALIDAD INVISIBLE.

(La otra)

¡COSAS que me has de alumbrar

—vistas siempre, sin ser vistas—;

(de)

cosas que tengo que ver

en ti, luz de cada día!

(Y el)

(Orijinal).

(Manuscrito).

14   14

LA OBRA

¡COSAS que me has de alumbrar
—vistas siempre, sin ser vistas—;
cosas que tengo que ver
en ti, luz de cada día!

La realidad invisible.

> Anteprimavera

.Abrazo largo que la tarde
d'abril me da, en la casa sola,
con sus brazos de nubes de colores!

—.¡Qué bien! ¡Todos se han ido!
.¡Toda la casa está en olvido oscuro,
¡para ella y para mí!—
    la primavera

—.Pasear dulces y olorosos,
por los tranquilos corredores
que dan con sus cristales
a inesperados cielos!

N. de la a.

15   15

ANTEPRIMAVERA

¡A BRAZO largo que la tarde
de abril me da, en la casa sola,
con sus brazos de nubes de colores!

   —¡Qué bien! ¡Todos se han ido!
¡Toda la casa está en olvido oscuro,   5
para ella y para mí!—

   ¡Paseos dulces y olorosos,
por los tranquilos corredores
que dan con sus cristales
a inesperados cielos!   10

¡Qué afán de soñar
lo que pude tener
siempre, menos ahora,
lo que ahora tengo!

16   1 6

¡ESTE afán de soñar
en que pude tener
siempre, menos ahora,
lo que ahora tengo!

La realidad invisible.

Tranquilo.
Pero, por dentro, lo mismo
que el remolino de un río,
por encima tan tranquilo,
¡qué martirio= qué peligro.—
el corazón retorcido!

17   17

TRANQUILO.
   Pero, por dentro, lo mismo
que el remolino de un río,
por encima tan tranquilo,
¡qué martirio —qué peligro—   5
de corazón retorcido!

S O L .

I

Allá en el fondo

de mi biblioteca,

el sol de última hora, que confunde

~~sus~~ colores en luz clara y divina,

acaricia mis libros, dulcemente.

II

¡Qué clara compaña

la suya; ¿cómo agranda

la estancia, y la convierte, llena,

en valle, en cielo ~~de poniente~~, —¡Andalucía!—

en infancia, en amor.

III

Igual que un niño, como un perro,

anda de libro en libro,

haciendo lo que quiere...

Cuando, de pronto, yo lo miro,

se para, y me contempla largamente,

con música divina, con ladrido amistoso, con fresco _de amigo_,

balbuceo...

(Sigue.

I 8

SOL

I

ALLÁ en el fondo
de mi biblioteca,
el sol de última hora, que confunde
mis colores en luz clara y divina,
acaricia mis libros, dulcemente.   5

II

¡Qué clara compañía
la suya; cómo agranda
la estancia, y la convierte, llena,
en valle, en cielo —¡Andalucía!—,
en infancia, en amor!   10

III

Igual que un niño, como un perro,
anda de libro en libro,
haciendo lo que quiere ...
Cuando, de pronto, yo lo miro,
se para, y me contempla largamente,   15
con música divina, con ladrido amistoso, con fres-
                                        [co balbuceo ...

47

y IV

Luego, se va apagando...

La luz(pura y divina)

es color otra vez, y solo, y mío.

Y lo que siento oscuro

es mi alma, igual que

si se hubiera quedado *nuevamente*

sin|valle *su* *su* cielo *-·Andalucía!-*

sin su infancia y su amor...

~~sin cielo ni pastora, sin infancia ni amor.~~

y IV

Luego, se va apagando...
La luz divina y pura
es color otra vez, y solo, y mío.
Y lo que siento oscuro   20
es mi alma, igual que
si se hubiera quedado nuevamente
sin su valle y su cielo —¡Andalucía!—,
sin su infancia y su amor...

Pesadilla (o
sueño)
Pena

¡Lloró en la noche inmensa y negra;
lloró - ¿de quién? ¿por qué? - que no te puedes
parar;
que te vas, rodeando, como un río a un
mar oscuro,
a fondos ignorados, a penas infinitas,
sin poderse parar!

x Juneslô,

19   I 9

PENA

¡LLANTO en la noche inmensa y negra;
llanto —¿de quién? ¿por qué?— que no te
parar;   [puedes
que te vas, sollozando, como un río a un mar fu-
                                [nesto, oscuro,
de fondos ignorados, de playas infinitas,   5
sin poderte parar!

La realidad invisible.

En ese instante, amor;
ya no existen los cuerpos; son las almas
las que se ansían, las que quieren verse,
penetrarse sin fin.
                               Y termina
                            no se acaba
nunca el afán, porque el camino
de su fuego es la órbita
del alma: el universo.

Dos universos
—¡oh imposible posible del amor!—
compenetrándose,
en un afán de eternidades!
                        (dos

Y se salen las almas abrazadas,
y se van; y se quedan
los cuerpos, separados, fríos, muertos!
las camas

La mujer desnuda

20   20

EN ese instante,
    ya no existen los cuerpos; son las almas
las que se ansían, las que quieren verse,
penetrarse sin fin.

                    Y no se acaba   5
nunca el afán, porque el dominio
de su fuego es la órbita
del alma: el universo.

    ¡Dos universos
—¡oh imposible posible del amor!—   10
compenetrándose,
en un afán de dos eternidades!

    ¡Y se salen las almas abrazadas,
y se van; y se quedan
los cuerpos, separados, fríos, muertos!   15

La realidad invisible,   o Renacimiento.
                                                I
                                              sí.

              ¡Alegría!

        ¡Tengo en mí
      —¡alegría!—
      serlo todo,
      —aunque ello no quiera—,
(amando) comprendiéndolo.

        — Y sí quiere
      =¡alegría!=
      porque la comprensión hace inclinar
      (el frente mío,   (a todo
(caer como es una entrega de regazo?—

      ¡Comprensión, amor bonito,
      amor perfecto y solo,   (único,
      —¡alegría!—
      ×amor irresistible!

      ×amor inteligente,

21   2 1

¡ALEGRÍA!

TENGO en mí
    —¡alegría!—
serlo todo
—aunque ello no quiera—,
comprendiéndolo.   5

    —¡Y sí quiere
= ¡alegría! =
porque la comprensión hace inclinar a todo
la frente dulce,
caer en una entrega de regazo.—   10

    ¡Comprensión, amor hondo,
amor perfecto y solo,
—¡alegría!—,
amor intelijente,
amor irresistible!   15

Canción

No morirá tu voz, tu voz, tu voz, tu voz,...
tu voz seguirá siempre resonando
—corirá tú en la tierra de la vida—,
tu voz seguirá siempre resonando
—tu voz, tu voz, tu voz, tu voz— ~~tu voz~~,
por la bóveda inmensa de la noche;
tu voz seguirá siempre resonando
—tu voz, tu voz, tu voz, tu voz, tu voz—,
con ecos májicos de estrellas...

x por la bóveda inmensa de mi alma,

22

CANCIÓN

NO morirá tu voz, tu voz, tu voz, tu voz ...
   Tu voz seguirá siempre resonando
—ceniza tú en la tierra de la vida—,
tu voz seguirá siempre resonando
—tu voz, tu voz, tu voz, tu voz—   5
por la bóveda inmensa de la noche;
tu voz seguirá siempre resonando
por la bóveda inmensa de mi alma,
—tu voz, tu voz, tu voz, tu voz, tu voz—,
con ecos májicos de estrellas ...   10

La realidad invisible.

Yo, contra de mi menudo inmenso.
Tú, de tu menudo inmenso
contra.

¡Qué inmenso penetrarse
de tantas cosas todas y distintas,
hasta encontrarnos ambos, como uno,
            de los dos en medio!

²³   2 3

YO, centro de mi mundo inmenso.
    Tú, de tu inmenso mundo,
centro.

    ¡Qué inmenso penetrarse
de tantas cosas dobles y distintas,   5
hasta encontrarnos ambos, como uno, de los dos en
                                            [medio!

La realidad invisible.

Nocturno

¡Qué bello el sentir y el gozar
de la casa, cuerpo y alma
tu caso! —¿no da lo mismo?—

Dentro, el desnudado amor,
rosa de fuego y de afán.
Fuera, la paz.   (importunita)
—todas las puertas cerradas—,
¡ratiante te duna verde!
                              fijo!

                    ✓

riviera del hombre atento,
¡sin bellezas, no me
puede ser eterna, aquí!

                    ✓

N. de la alegría.

24

24

NOCTURNO

¡QUÉ bello el dentro y el fuera
        de la casa, cuerpo y alma
trocados! —¿no da lo mismo?—

    ¡Dentro, el desnudado amor,
rosa de fuego y de afán.   5
Fuera, la pared
—todas las puertas cerradas—,
radiante de luna verde!

La realidad invisible.

Vinimos, ¡ay! a nuestros dos más cercas,
de nuestros dos más lejos,
pasándonos, cada uno,
del otro, y de nosotros,
en nuestro penetrarnos.

Mas, en este abandono de los dos
en lo dos, ¿qué nos dábamos?
¿el brazo de la cruz de nuestro cruce,
¿qué espinas y qué flores
del camino infinito recogía?

Después, en el descanso
del momentáneo recorrido
—igual que el de la vida
a la muerte—,
¿estábamos los dos en nuestro cielo,
o en nuestro purgatorio,
o en nuestro infierno?
¡ay!

25

VINIMOS ¡ay! a nuestros dos más cercas,
    de nuestros dos más lejos,
pasándonos, cada uno,
del otro, y de nosotros,
en nuestro penetrarnos.   5

    Mas, en este abandono de los dos
en lo dos, ¿qué nos dábamos?;
el brazo de la cruz de nuestro cruce,
¿qué flores y qué espinas
del camino infinito recojía?   10

    Después, en el descanso
del momentáneo recorrido
—igual que el de la vida
a la muerte—,
¿estábamos los dos en nuestro cielo,   15
en nuestro purgatorio,
o ¡ay! en nuestro infierno?

La realidad invisible.

Sueños

¡Te oño a ti en, él,
en los jestos de él, tuyos;
a la ti que en él te ama,
a la que tú has hecho tú en él
para que en él te ame,
para que yo te oñe, lo oñe!
¡Te oño a ti, a ti a quien adoro
en ti y en mí, en él!

26

26

SUEÑOS

¡TE odio a ti en él,
    en los jestos de él, tuyos;
a la ti que en él te ama,
a la que tú has hecho tú en él
para que en él te ame,   5
para que yo te odie, lo odie!
¡Te odio a ti, a ti a quien adoro
en ti y en mí, en él!

LA REALIDAD INVISIBLE:

MUJER,
~~~~~~ ¡qué pronto
el muro opaco, fin de la ilusión,
que me pones delante, con tu abrazo,
se hace trasparente!

¡qué poco tiempo
        (tú el fin)
eres el término de mi horizonte!
        (límite)

(o "La mujer invisible").

(Orijinal).
(Inédita).

27   27

MUJER, ¡qué pronto
el muro opaco, fin de la ilusión,
que me pones delante, con tu abrazo,
se hace transparente!

¡Qué poco tiempo   5
eres el término de mi horizonte!

La realidad invisible.

NOCTURNO

¡OH la noche, la noche toda,
colgada, en clavos de luceros,
de la infinita enredadera
de mi alma!

—¡Oh qué olor a mi alma,
hecha rosas del parque
de la noche eterna!—

¡Oh qué jardín para apartar mis rosas —¿quien?—
yendo,(por) lo infinito,
con la inefable!

28

28

NOCTURNO

¡OH la noche, la noche toda,
colgada, en clavos de luceros,
de la infinita enredadera
de mi alma!

—¡Oh qué olor a mi alma,   5
hecha rosas del parque
de la noche eterna!—

¡Oh qué jardín para apartar mis rosas
[—¿quién?—
yendo, hacia lo infinito,
con la inefable!   10

Cada instante que pasa,

se lleva entero
el secreto, de todo tu tamaño,
¡oh noche azul, hermosa y pura!

...¡Esto era, esto era!
.Venid tras este instante,
que casi he descubierto!
.Dejad lo vuestro, esto era!
¡Esto era,
¡oh noche azul, hermosa y pura!

Forma del sur

29   2 9

CADA instante que pasa,
      se lleva entero
el secreto, de todo tu tamaño,
¡oh noche azul, hermosa y pura!

    ... ¡Esto era, esto era!   5
¡Venid tras este instante,
que casi he descubierto!
¡Dejad lo vuestro, esto era!

    ¡Esto era,
oh noche azul, hermosa y pura!   10

La realidad invisible.

Canción
Amor

está

¡NO, la luz no es de fuera,

_en el_

sino del corazón;

el corazón es solo el día,

no el sol, no el sol, no el sol!

El que muere es el muerto,
¡vive no, vivo, no!
¡no, la vida infinita no está fuera,
sino en el corazón!
el vivir infinito

30   3 0

AMOR

¡NO, la luz no es de fuera,
    sino del corazón;
el corazón es sólo el día,
no el sol, no el sol, no el sol!

    El que muere es el mundo,   5
¡uno no, uno no!;
¡no, la vida infinita no está fuera,
sino en el corazón!

LA REALIDAD INVISIBLE.

(2a versión)

ENSUEÑOS

¡AY, es tan imposible
 (lo)(la)
que yo te tenga en mí,

como que el agua quieta de esta fuente

que refleja la hora dulce y malva,

tenga en sí la campana de la tarde;

campana de la tarde,

que está en la hora, como el cielo;

en la hora que la fuente copia,

y no en la fuente, ¡ay!

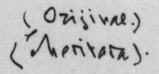

(Orijinal.)
(Manuscrito).

3 I

3 I

ENSUEÑOS

¡AY, es tan imposible
que yo te tenga en mí,
como que el agua quieta de esta fuente
que refleja la hora dulce y malva,
tenga en sí la campana de la tarde;   5
campana de la tarde,
que está en la hora, como el cielo;
en la hora que la fuente copia,
y no en la fuente, ay!

La realidad invisible:

¡Tú, tan cerca, qué lejos,
con el espacio, en medio
—nubes, nubes, nubes—,
del cielo azul y gris
te muestras dos distintos sueños!
(sueños!) Ap.

(¡Tú, tan...
¡Yo, tan cerca, qué lejos,
con el espacio en medio
~~karada~~
—nubes,...   —,
del cielo de mis sueños,
del cielo ~~de~~ tus sueños!) Ap.

(¡Herida!).

3 ²   3 ²

¡Tú, tan cerca, qué lejos,
   con el espacio, enmedio
—nubes, nubes, nubes—,
del cielo azul y gris
de nuestros dos distintos sueños! ⁵

(Año)

FUERA

(el vата)   (a)   (Ap.

¡AY, el aire yerto,

campana en el frío,

ojos en la escarcha!

En lo dentro, antes,

la casa era cuerpo,

y el cuerpo era alma.

(tierra tira) (Ap.

¡AY, la blanca tierra,

el silencio, el humo

que al hogar levanta!

Ahora, caminando,

es el alma cuerpo,

la casa es el alma.

*Los pájaros mueren,
el humo decho,
que se hogar...*)(Ap.

(Orijinal).

(Moticva).

33   3 3

FUERA

¡A Y, el aire yerto,
  campana en el frío,
ojos en la escarcha!

En lo dentro, antes,
la casa era cuerpo,   5
y el cuerpo era alma.

¡Ay, la blanca tierra,
el silencio, el humo
que al hogar levanta!

Ahora, caminando,   10
es el alma cuerpo,
la casa es el alma.

Abril.

Abril, solo, desnudo,
caballo blanco de mi dicha?

—Llegó rompiendo, lleno de rocío,
los rosales; moviéndose, desplegándose
en los torrentes, levantando
—ciclón de luz— los pájaros alegres.—

En caravana parece que vuelve de otra vida...
¡Ven aquí, ven aquí, caballo mío!

—Mi llanto le rocía
en frente, blanca cual la luna,
con su ... negro de carbón—.

Abril, abril; tu jinete, bello?
mi amor, busca pobre amor.
¡(pobre). Abril

34   3 4

EPITAFIO IDEAL

(¿Quién?)

¡ABRIL!, ¿solo, desnudo,
caballo blanco mío de mi dicha?

—Llegó rompiendo, llenos de rocío,
los rosales; metiéndose, despedregando
los pesados torrentes; levantando   5
—ciclón de luz— los pájaros alegres.—

Tu jadeo, tu espuma, tu sudor
me parece que vienen de otra vida ...
¡Ven aquí, ven aquí, caballo mío;
abril, abril que vuelves,   10
caballo blanco mío
de mi perdido amor!

—Mis ojos le acarician, apretándole,
la frente, blanca cual la luna,
con su diamante negro de carbón.—   15

Abril, abril, ¿y tu jinete bello?,
¡mi pobre amor, abril, mi pobre amor!

LA REALIDAD INVISIBLE.

¡NO, si no caben mis horas
ideales en las horas
de mi día material!

¡Si no es posible que corte   (cortar
la rosa de fuego, hasta
dejarla justa en los límites   (que quede
      (me)
que no dá el reló implacable!   (de hombre!
                                 (Ap.

¡Si mi vida entera es
sólo una hora, y tan sólo
podría la eternidad
ser mi mañana o mi tarde!

(Original).
(Definitiva).

3 5   3 5

¡NO, si no caben mis horas
ideales en las horas
de mi día material!

¡Si no es posible que corte
la rosa de fuego, hasta   5
dejarla justa en los límites
que le da el reló implacable!

¡Si mi vida entera es
sólo una hora, y tan sólo
podría la eternidad   10
ser mi mañana o mi tarde!

LA REALIDAD INVISIBLE: 1.

¡Qn días de colores en la noche:

auroras —dalias de oro con recte

del túnel de los sueños;

cenites —techos májicos en llamas—

de la cueva del sueño;

—faisanes contra el ocaso grana—

ponientes de la cárcel del ensueño;

...belleza involuntaria y tarda, siempre

para el desprevenido,

para el (descensolado;) vida única!

(*descompazado;)

*desconcertado;)¡Ap.

(Orijinal).

(Inéditas).

36   3 6

¡OH días de colores en la noche:
auroras —dalias de oro con rocío—
del túnel de los sueños;
cenites —techos májicos en llamas—
de la cueva del sueño;   5
—faisanes contra el ocaso grana—
ponientes de la cárcel del ensueño;
... belleza involuntaria y tarda, siempre
para el desprevenido,
para el desconcertado; vida única!   10

La cantera inútil.

Día tras día, mi pluma
—cavadora, cavadora!— Siervo
me entierra en el papel blanco.
Antes de morir mi vida,
me te le rey resucitado.
Ascensión mía, para
en las tardes de oro blanco
futuro!

37   3 7

¡DÍA tras día, mi pluma
—¡cavadora, minadora!—
me entierra en el libro blanco ...

—¡Ascensión mía, parada
en futuros del ocaso!—   5

... ¡De él, ascua pura inmortal,
quemando el sol de carbón,
volaré refigurado!

EL SUEÑO

—¡ADIÓS!

   —¡Adiós!

Cierras tus ojos.
Cierro mis ojos.

—Ya somos mundos
independientes,
con cuerpo dentro
=hueso del fruto=
y alma en lo ignoto.   (el "vó: el
Enmedio, el no   "vóta") (Ap.
de entre dos astros.—

¡Ya no sabemos   (poñ wos) (Ap.
comunicarnes!
¡oh, no eres mía!
¡Ay, no soy tuyo!

(ojo.
  ojos.   ) Relación.
  ignoto.   (Ap.)   (Orijinal).
(astro.   (Meditata).
  comunicarnos.) Relación.

38   3 8

EL SUEÑO

¡-A^{DIÓS!}   —¡Adiós!

Cierras tus ojos.
Cierro mis ojos.

—Ya somos mundos   5
independientes,
con cuerpo dentro
= hueso del fruto =
y alma en lo ignoto.
Enmedio, el no   10
de entre dos astros.—

¡Ya no sabemos
comunicarnos!
¡Oh, no eres mía!
¡Ay, no soy tuyo!   15

LA REALIDAD INVISIBLE: 1.

(subir)
(volar)   Rosas

¡DEJAD correr la gracia

del agradecimiento a lo invisible,

larga, toda, sin miedo

de que se os lleve el día de trabajo!

Ella, como una rosa

magnífica y completa,

no ocupará más cielo, cada día,

que el justo, qué es el suyo.

                    —Del tamaño

del corazón agradecido y puro,

será =tan grande como el universo=

y tan pequeña como

la necesidad.—

            ¡Sí, dejad, dejad al alma

internarse hasta el fondo celestial

(ese)
de su deleite estático!

—Cual la rosa, también, llegará a un punto

melodioso, armonioso, insuperable,

                    =su aroma=
en que (sus hojas) se terminen

en un fin suficiente de infinito.—   (Original).

                                              (Leontra).

39

3 9

ROSAS

¡D EJAD correr la gracia
del agradecimiento a lo invisible,
larga, toda, sin miedo
de que se os lleve el día de trabajo!

Ella, como una rosa   5
magnífica y completa,
no ocupará más cielo, cada día,
que el justo, que es el suyo.
—Del tamaño
del corazón agradecido y puro,   10
será = tan grande como el universo =
y tan pequeña como
la necesidad.—

¡Sí, dejad, dejad al alma
internarse hasta el fondo celestial   15
de su deleite estático!
—Cual la rosa, también, llegará a un punto
melodioso, armonioso, insuperable,
en que su aroma se termine
en un fin suficiente de infinito.—   20

La realidad invisible.

¡Qué bien en casa
conmigo;
como un cuerpo gustoso
con su corazón!

—Cuando me voy,
¡qué tristes yo y la casa,
como dos hondamente enamorados,
que no se ven!—

¡Qué ritmo plácido y tranquilo
el que le doy yo, sonando
en plenitud de plenitudes;
como, ~~parece que~~
todo se inunda de mi sangre!

—el que se siente ella,
en plenitud de plenitudes!

¡cómo todo se inunda de mi sangre!

¡cómo sus cuartos, como
las cámaras del corazón,
se llenan de mi sangre!

4 0   4 0

¡QUÉ bien la casa
     conmigo;
como un cuerpo gustoso
con su corazón!

   —Cuando me voy,   5
¡qué tristes yo y la casa,
como dos hondamente enamorados,
que no se ven!—

   ¡Qué ritmo plácido y tranquilo
el que le doy yo, soñando   10
en plenitud de plenitudes;
cómo todo se inunda de mi sangre!

LA OBRA

¡sí, para muy poco tiempo!
Mas, como cada minuto
puede ser mi eternidad,
¡qué poco tiempo más único!   (nur! (Ap.

(Orijinal).

(Meditada).

41   4 I

LA OBRA

¡Sí, para muy poco tiempo!
Mas, como cada minuto
puede ser mi eternidad,
¡qué poco tiempo más único!

MAR IDEAL

LOS dos vamos nadando
—agua de flores o de hierro—
por nuestras dobles vidas.

—Yo, por la mía y por la tuya;
tú, por la tuya y por la mía.—

De pronto, tú te ahogas en tu ola, (mi)
yo, en la mía; y, sumisas, (tuya;)
tu ela, sensitiva, me levanta, (te)
te levanta la mía, pensativa. (me)

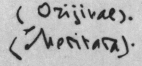

(Orijinal).
(Neritata).

42

42

MAR IDEAL

LOS dos vamos nadando
—agua de flores o de hierro—
por nuestras dobles vidas.

—Yo, por la mía y por la tuya;
tú, por la tuya y por la mía.—   5

De pronto, tú te ahogas en tu ola,
yo, en la mía; y, sumisas,
tu ola, sensitiva, me levanta,
te levanta la mía, pensativa.

La realidad invisible.

Anochecer.

· Recuerdo de la tú de ayer
¡en el ~~el~~ mí de hoy!
· ¡Qué olores y qué ~~alas~~   (alitas
livianas, eternamente, suaves,
— cívículas, rosillas del crepúsculo —
en torno de mi tronco (sólo y negras)

negros — ¡cómo! —
a mi corteza negra!

43

4 3

ANOCHECER

¡RECUERDOS de la tú de ayer
en el mí de hoy!

¡Qué olores y qué alitas
tenues, eternamente, suaves
—libélulas, rosillas del crepúsculo—,   5
en torno de mi tronco negro y solo!

La realidad invisible.

Tarde

¡qué lejos llegan, en tu azul, silencio,

sin esos golpes agrios que las hacen

plegarse,sensitivas,

las alas de mi frente!

Se diría

que no van a volver nunca ya a mí.

—Recuerdo

los barriletes de las tardes de mi infancia,

cuando sentía yo el mareo un polvar,

del cielo en que ellos ajitados revolaban,

yo en sombra, ellos con sol...—

Late mi corazón,como una madre

que va a quedarse sin su hijo; como

una Ncella que va a ser esposa.

¡Oh misterioso miedo

que hace encojerse el cuerpo al alma,

como para ponerle

con ella contrapeso a lo infinito!

Miedo gustoso,que no quiere

hacer volver las alas que se van,

44

4 4

TARDE

¡QUÉ lejos llegan, en tu azul, silencio,
     sin esos golpes agrios que las hacen
plegarse, sensitivas,
las alas de mi frente!
Se diría   5
que no van a volver nunca ya a mí.

    —Recuerdo
los barriletes de las tardes de mi infancia,
con el mareo precursor
del cielo en que ellos ajitados revolaban,   10
yo en sombra, ellos con sol ...—

    Late mi corazón, como una madre
que va a quedarse sin su hijo; como
una doncella que va a ser esposa.
¡Oh misterioso miedo   15
que hace encojerse el cuerpo al alma,
como para ponerle
con ella contrapeso a lo infinito;
miedo gustoso, que no quiere
hacer volver las alas que se van,   20

¡Qué cejo llegan

ni quedarse sin ellas;
Miedo de lo que ven, de lo que saben;
de verlo, y de saberlo!
— ¡y qué deleite! —

¡O miedo misterioso
de la belleza no sabida!
diaria

ni quedarse sin ellas;
miedo de lo que ven, de lo que saben;
de verlo —¡y qué deleite!— de saberlo!

¡Oh miedo misterioso
de la belleza diaria no sabida!   25

Mar ideal.

¡Las ondas de tus sueños, (olas
las ondas de mis sueños! (olas

¡Qué mar difícil este
de ondas de los dos, (olas
pasado por el mismo sol eterno,
para flotar, un punto,
claro, fundido, verte puro;
bajo tu dulce estrella, Venus!

45

45

MAR IDEAL

¡LAS olas de tus sueños,
las olas de mis sueños!

¡Qué mar difícil este
de olas de los dos,
pasado por el mismo sol eterno,   5
para quedar, un punto,
claro, fundido, verde puro,
bajo tu dulce estrella, Venus!

Hermana.

Me llama la tarde pura,
la mujer,
el vagar dulce, el jardín,
la ciudad alegre y llena,
la amistad, tranquilo...
el libro tranquilo...

Pero mi alma, sonriente
y exhausto, sin esfuerzo   (alarde
de fuerza,) recio, como un imán, inefable
me retiene
clavado en sus piernas dulces.

⌣

x
—hermana blanca y desnuda,—

Interior.

46   4 6

HERMANA

ME llama la tarde pura,
la mujer,
el vagar dulce, el jardín,
la ciudad alegre y llena,
la amistad,   5
el libro tranquilo ...

Pero mi alma, sonriendo
y callando, sin esfuerzo
salido, como un imán, inefable
—hermana blanca y desnuda—,   10
me retiene
clavado en sus piernas dulces.

La realidad invisible.   o La rea.

La rea
~~Domingos de arte.~~

¡alto!   domingos rarto
Llega| el ruio e las plazas
a tonte van las grandes calos llenas.
Aquí, en plazoleta sola,
con el último sol, el agua bella;
el solitario pájaro...,
¡oh primavera que ya vuelves!

Y en la paz inefable,
por las calos cercanas y sin nadie (residuolas,
de este domingo eterno,
viene la soledad comprensorera.
—¡Divinas soledades!—

Y siento, el alma, verdadera;
lo que se basta así;
la sonrisa de lo que está alcanzado,
de al ma sueña/de una alma extranjera.
de la verdad (sola) física.

—En el aire, muy alto, un invisible
y leve canto de tranquilos pájaros,
¡oh primavera que ya vuelves!

4 7

LA OBRA

Domingos de arte.

LLEGA, alto, el ruido de las plazas
  a donde dan las grandes calles llenas.
Aquí, la plazoleta sola,
con el último sol, el agua bella,
el solitario pájaro ...,   5
¡oh primavera que ya vuelves!

  Y en la paz inefable,
por las calles cercanas y sin nadie
de este domingo eterno,
viene la soledad comprendedera.   10
—¡Divinas soledades!—

  Y dentro, el alma verdadera;
lo que se basta a sí;
la sonrisa de lo que está alcanzado,
del alma sola, dueña libremente de otra alma sola   15
de la verdad única.   [y libre,

  —En el aire, muy alto, un invisible
y leve canto de tranquilos pájaros,
¡oh primavera que ya vuelves!—

FELICIDAD

...CANTAN pájaros únicos,
no sé si en estos árboles
o en los de la otra orilla —el paraíso.—

(—caliza

—El aire tiende puentes,
de todo a todo;
y el corazón va y viene, en paz, por ellos,
loco, juguetón, libre.—
¡Y qué olores lo pasan,
de flores conocidas
y desconocidas!

(Jhenitos).

48

48

FELICIDAD

CANTAN pájaros únicos,
... no sé si en estos árboles
o en los de la otra orilla —el paraíso—.
El aire tiende puentes,
de todo a todo;   5
y el corazón va y viene, en paz, por ellos,
loco, juguetón, libre.
¡Y qué olores lo pasan,
de flores conocidas
y desconocidas!   10

Cielos y cielo.   La realidad invisible.

Amor.

¡Ay, alma mía,
¡si yo pudiera amarte,
hecha mujer desnuda,
    eterna   o   eterna!

49

49

AMOR

¡AY, alma mía,
   si yo pudiera amarte,
hecha mujer desnuda eterna!

¿Te consuela quizás tú, solitario,
de oír, echado en la corona de oro,
que el sol de abril nunca dejaba,
el agua clara y pura
del arroyo entre piedras y entre flores?

¿Te consuela de oír siempre la misma
agua, la sola
canción?

  ¡Canción, canción igual
siempre, siempre distinta, embriagadora
del alma eterna, sola y una, como del agua
que no sueña el alma abandonar!

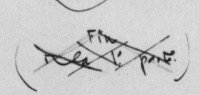

(Fin
~~de la 1ª parte.~~)

La corriente infinita.

50   5 0

¿TE cansaste quizás tú, solitario,
        de oir, echado en la ladera de oro,
que el sol de abril nunca dejaba,
el agua clara y pura
del arroyo entre piedras y entre flores?   5

    ¿Te cansaste de oir siempre a la misma
agua, la sola
canción?

            ¡Canción, canción igual
siempre, siempre distinta, embriagadora   10
del alma eterna, sola y una, como el agua
que no quería el alma abandonar!

LA REALIDAD INVISIBLE.

~~NOSTALJIA~~

¡ESTA ansia de apurar
todo lo que se va;
de hacerlo permanente,
para irme de su siempre!
(irse)(Ap.

(Orijinal).

(Manuscrita).

5 1   5 1

¡ESTA ansia de apurar
todo lo que se va;
de hacerlo permanente,
para irme de su siempre!

LA REALIDAD INVISIBLE: 3.

2 ×   y 2 ×

¡AY, cómo siento el fuerte manantial,

aquí, en mi corazón oscuro!   (profundo!

(Ap.

¡Ay, cuándo, cómo en una

(flora y de estrellas) (Ap.

fusión alta de estrella y de azucena,

(Jh)

ascenderá mi chorro, hasta encontrar

—columna inalterable a río en pie—

el chorro derramado de lo eterno!

Fin
(¿la primera parte?) Sí

(Orijinal).
(¿Inédita?).

(Hermos, y P.)

5² y 5²

¡AY, cómo siento el fuerte manantial,
aquí, en mi corazón oscuro!
¡Ay, cuándo, como en una
fusión alta de estrella y de azucena,
ascenderá mi chorro, hasta encontrar   5
—columna inalterable a río en pie—
el chorro derramado de lo eterno!

La Realité invisible.

2

JA la vejez *mort*

2

A LA VEJEZ AMADA

NUEVA VIDA

¡ALEGRÍA que tienes tú por mí!
—¡Ay, tarde clara y buena!—
¡Otra vez a vivir!

¡Atrás, atrás, atrás; a comenzar de nuevo;
lejos, más lejos —yo abro, con mis brazos
en cruz, el mundo—, lejos el comienzo;
lejos, lejos, lejos el fin!

(¡Toda la vida,) (Ap.
¡La vida toda, nuevamente, enmedio!
¡Tú, de cristal, de alma!

¡Ay, carrera diáfana y feliz!

(o: Ellos.)

(Orijinal).
(Aotitita).

53   1

NUEVA VIDA

¡ALEGRÍA que tienes tú por mí!
   —¡Ay, tarde clara y buena!—
¡Otra vez a vivir!

   ¡Atrás, atrás, atrás; a comenzar de nuevo;
lejos, más lejos —yo abro, con mis brazos   5
en cruz, el mundo—, lejos el comienzo;
lejos, lejos, lejos el fin!

   La vida toda, nuevamente, enmedio!
¡Tú, de cristal, de alma!

   ¡Ay, carrera diáfana y feliz!   10

LA REALIDAD INVISIBLE: 2: A la mejor amiga.

(J. ?)

¡Qué importa

que su porvenir sea ya

tan breve!

          ¡Alegría del día

presente, cada día, para ella!

¡que su día presente se dilate,

cada día, tranquilo,

y se haga por-venir!

¡que su día presente, cada día,

sea una vida entera, dulce y clara!   (nueva!) (Ap.

—¡que la tranquilidad

sea espejo propicio de su alma,

y en ella se la encuentre cada día, largamente,

entre el sol de su calle

y la flor de su patio!

¡que la paz le haga alegre su recuerdo,

y la vaya sumiendo

en la tierra, lo mismo que se sume

un agua sosegada,

          (pozo)

con todo el cielo azul en ella!—

¡Alegría, alegría, alegría del día

(margin right, handwritten)
Confusión
lírica:
¿aquí?
¿a dónde?   (Ap.

x x ella: }
ella:

(nueva!) (Ap.

(Original)

presente, para ella! xx

54   *2*

¡QUÉ importa
que su porvenir sea ya
tan breve!
    ¡Alegría del día
presente, cada día, para ella!   5

    ¡Que su día presente se dilate,
cada día, tranquilo,
y se haga por-venir!
¡Que su día presente, cada día,
sea una vida entera, dulce y clara!   10

    —¡Que la tranquilidad
sea espejo propicio de su alma,
y en ella se la encuentre cada día, largamente,
entre el sol de su calle
y la flor de su patio!   15
¡Que la paz le haga alegre su rescoldo,
y la vaya sumiendo
en la tierra, lo mismo que se sume
un agua sosegada,
con todo el cielo azul en ella!—   20

    ¡Alegría, alegría, alegría del día
presente, para ella!

LA REALIDAD INVISIBLE: 2: A la vieja manera.

ELLOS

¡INSTANTES en que la bondad
compasiva y serena de nosotros,
(los) ¿menos buenos?,
repasa la bondad compadecida;
en que somos más buenos
(agudo)
que los que nuestra pobre maldad compadeció por
buenos!

¡ay, frío, frío, frío
del corazón movido, que se queda
inmóvil en el centro de la estancia,
—¡cristales de colores!—,
con su flor en la mano,
no sabiendo si darla, o si guardarla,
...o si tirarla, ay!

¡qué engaño muerto,
qué tedio de uno —y de otro—,
qué soledad en el paisaje bello,
—donde un pájaro canta sin sentido—,
que circundó, un momento, con su armonía pura
el dulce sentimiento humano!

(Original).
(Artista).

5 5

3

ELLOS

¡INSTANTES en que la bondad
compasiva y serena de nosotros,
¿menos buenos?,
repasa la bondad compadecida;
en que somos más buenos   5
que los que nuestra pobre maldad compadeció por
[buenos!

   ¡Ay, frío, frío, frío
del corazón movido, que se queda
inmóvil en el centro de la estancia,
—¡cristales de colores!—,   10
con su flor en la mano,
no sabiendo si darla, o si guardarla,
... o si tirarla, ay!

   ¡Qué engaño mustio,
qué tedio de uno —y de otro—,   15
qué soledad en el paisaje bello,
—donde un pájaro canta sin sentido—,
que circundó, un momento, con su armonía pura
el dulce sentimiento humano!

¡PENSAMIENTO; imán dulce,

que te nos llevas ¡ay! de todo —obligación,

amor,

~~xxx,~~ remordimiento,

gloria, pena, alegría—;   (¡Ay, te toco!; (Ap

que lo tienes a uno, como un arbol

de copa plena y bella,

sólo, de pie y ajeno, entre los árboles,

hora tras hora;

pensamiento,

                     provoca
luna en la (vaga) tarde, grande y clara,

que es más patria que el mundo!

más patria que este mundo!
la tierra!
la vida!   ∫ (Ap.

(Orijinal).
(Inédita).

56

4

¡PENSAMIENTO; imán dulce,
    que te nos llevas ¡ay! de todo —obligación,
amor, remordimiento,
gloria, pena, alegría—;
que lo tienes a uno, como un árbol   5
de copa plena y bella,
solo, de pie y ajeno, entre los árboles,
hora tras hora;
pensamiento,
luna en la oscura tarde, grande y clara,   10
que es más patria que el mundo!

LA REALIDAD INVISIBLE: 2: *A la vejez, viruela.*

ROSAS

¡ROSAS, rosas al cuarto
por ella abandonada!
¡Que el olor dialogue, en esta ausencia,
con el recuerdo blanco!

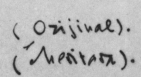

(Orijinal).
(Menirata).

57   5

ROSAS

¡ROSAS, rosas al cuarto
por ella abandonado!
¡Que el olor dialogue, en esta ausencia,
con el recuerdo blanco!

LA REALIDAD INVISIBLE: 2: A la mujer ausente.

MAR

¿QUÉ te tira del alma?
(Está)Te vas adelgazando
como un arroyo que se va quedando
sin agua.

alma
agua } orijinales
AP.

(Orijinal).
(Anotada).

58   6

MAR

¿QUÉ te tira del alma?
    Te vas adelgazando
como un arroyo que se va quedando
sin agua.

¡Ojos, que sois cada uno
como una laguna negra;
redondas lágrimas grandes,

*alzáis
en*

que me miráis mi tristeza
en vuestra tristeza; ojos
que goteáis, como estrellas
sobre el mundo solitario
de mi corazón en pena;
ojos, única mirada
de toda la tierra ciega!

59   7

¡OJOS, que sois cada uno
       como una laguna negra;
redondas lágrimas grandes,
que me miráis mi tristeza
con vuestra tristeza; ojos   5
que goteáis, como estrellas,
sobre el mundo solitario
de mi corazón en pena;
ojos, única mirada
de toda la tierra ciega!   10

LA REALIDAD INVISIBLE: 2: A la mujer suya.

¡cómo, rostro —¡ojos grandes!—
te vas sacando eternidad,
yéndote a ella;
cómo miras más alto, cada día,
más hondo, de más lejos, más al alma,
con la belleza, cada día, fin sin fin,
última de tu fondo inextinguible!
más noja)
más pura) (Ap.

(Orijinal).
(Inédita).

60   8

¡CÓMO, rostro —¡ojos grandes!—,
    te vas sacando eternidad,
yéndote a ella;
cómo miras más alto, cada día,
más hondo, de más lejos, más al alma,   5
con la belleza, cada día, fin sin fin,
última de tu fondo inestinguible!

La realidad invisible.

No otra en el cansancio de tu vida,
sino tú, allá en el fondo de tu muerte.

61   9

NO otra en el cansancio de ti viva,
sino tú, allá en el fondo de ti muerta.

LA MUERTE

A veces, quiero en mi madre   (Madres.)
a no sé qué madre eterna,
que vive hace mucho tiempo   (vivió
—madre de abuelas de abuelas—,
(viva) en (yo) no sé qué nada
distante; que me contempla
con unos ojos ansiosos,
que se acerca, que se acerca...

                        Copiar.

62   I O

LA MUERTE

(Madres)

A veces quiero en mi madre
a no sé qué madre eterna,
que vive hace mucho tiempo
—madre de abuelas de abuelas—,
en no sé qué nada   5
distante; que me contempla
con unos ojos ansiosos,
que se acerca, que se acerca ...

141

LA REALIDAD INVISIBLE: 2: A la vieja usanza.

¡Si pudiera decir
yo "¡que sí recuerde!",
en vez de este cruel "¡que nó recuerde!"
¡Si su pasado mío
fuese como es esta alameda matinal,
                              (abierto)
gustoso, trasparente, atraedor al oro
azul de la mañana
por oriente!

(Orijinal).
(Moritata).

63   I I

¡SI pudiera decir
yo "¡Que sí recuerde!",
en vez de este cruel "¡Que no recuerde!"

   ¡Si su pasado mío
fuese como es esta alameda matinal,   5
gustoso, trasparente, atraedor al oro
azul de la mañana
por oriente!

SETIEMBRE

VOY a taparle a su carta
los pies, que esta noche hará
ya frío, a la madrugada.

(Orijinal).
(Inedita).

64   I 2

SETIEMBRE

VOY a taparle a su carta
los pies, que esta noche hará
ya frío, a la madrugada.

LA REALIDAD INVISIBLE: 2: A la vieja poesía.

(Viaje)

DULCE, la tarde

cobija con sus májicas penumbras

la paz en que ella arregla

lo suyo, lentamente,

para mi vida —como para la muerte= ¡ya tan cer-

confundiendo ambas cosas   ca!—,

en su alegría última.

—El alma, peso oscuro

de hierro, cada tarde, dice: "¡quieto!"

Las alas, en un punto,

me llevan más, más lejos,

=¡oh súbite volar del inconsciente!=,

cada aurora—.

¡Vendrá, vendrá, y tan sólo

se encontrará el desierto;

y se caerá en él, desalentada,

y ya por última vez, en un sollozo

que empezará en la vida

y acabará en la muerte!

(Orijinal).

(Inédita).

6 5   I 3

(Viaje)

DULCE, la tarde
cobija con sus májicas penumbras
la paz en que ella arregla
lo suyo, lentamente,
para mi vida —como para la muerte = ¡ya tan   **5**
confundiendo ambas cosas   [cerca!—,
con su alegría última.

  —El alma, peso oscuro
de hierro, cada tarde dice: "¡Quieto!"
Las alas, en un punto,   **10**
me llevan más, más lejos
= ¡oh súbito volar del inconsciente! =,
cada aurora.—

  ¡Vendrá, vendrá, y tan sólo
se encontrará el desierto;   **15**
y se caerá en él, desalentada,
ya por última vez, en un sollozo
que empezará en la vida
y acabará en la muerte!

MADRE

(¿Quién)
¡Si pudiera llevarte
               (muerte) (los)   (la)
yo a la nada, en mis brazos, de tu vida,

como tú me llevabas, cuando niño,

de tu pecho a la cuna!

(Orijinal).

(Inédita).

66   I 4

MADRE

¡SI pudiera llevarte
yo a la nada, en mis brazos, de tu vida,
como tú me llevabas, cuando niño,
de tu pecho a la cuna!

LA REALIDAD INVISIBLE: 2: A la mujer amada.

ELLOS

(Crepúsculo)

(sentimiento!)
¡Qué hierre el pensamiento!   (nido (imán (Dios
                                        (Ap.
¡cómo, imantado con la tarde dulce,

se trae a la cabeza, al corazón —¡al alma!—

personas, cosas!

¡Cómo arrastra, en un punto,

sin lastimarles nada,

por montañas y simas

—¡tan tiernos!—

los ojos adorados;

cómo, sin trastornarles una hojilla,

en un instante, acerca

la frájil rosa de cristal de las palabras!

¡Cómo, sin quebrantar el corazón

—¡tan suave en esta hora!—,

qué fuerte, qué valiente,

le pone dentro mares, pueblos,

torres, montañas, vidas!

(Orijinal).

(Inédita).

67   I 5

ELLOS

(Crepúsculo)

¡QUÉ hierro el pensamiento!
    ¡Cómo, imantado con la tarde dulce,
se trae a la cabeza, al corazón —¡al alma!—
personas, cosas!

    ¡Cómo arrastra, en un punto,   5
sin lastimarlos nada,
por montañas y simas
—¡tan tiernos!—
los ojos adorados;
cómo, sin trastonarles una hojilla,   10
en un instante, acerca
la frájil rosa de cristal de las palabras!

    ¡Cómo, sin quebrantar el corazón
—tan suave en esta hora—,
qué fuerte, qué valiente,   15
le pone dentro mares, pueblos,
torres, montañas, vidas!

(Martirio)

CASTIGO

¡REMORDIMIENTO, no
te pongo música; no quiero
lucrar mi gloria con tu esencia triste!

     (mi)
¡que sea tu dolor para mí solo;
que me destroce, día
tras día, canto sin cantar, el alma!

(te canto, no; ¡te quiero...) (Ap.

(Original).

(Jerónima).

68   1 6

CASTIGO

¡REMORDIMIENTO, no
te pongo música; no quiero
lucrar mi gloria con tu esencia triste!

¡Que sea tu dolor para mí solo;
que me destroce, día   5
tras día, canto sin cantar, el alma!

VENTANA

¡Así siempre tu recuerdo, tan solito
—¡oh domingo estranjero, sin lo tuyo, constante
y aburrido!—,
levantando el visillo!

(r"EM?.)

(Orijinal).
(Inédita).

69

I 7

VENTANA

¡AHÍ siempre tu recuerdo, tan solito
——¡oh domingo estranjero, sin lo tuyo, cons-
levantando el visillo!   [tante y aburrido!——,

MADRE

¿TODO acabado, todo,
el mirar, la sonrisa;
todo, hasta lo más leve
de lo más grande?

¡No, yo sé, madre mía,
(desde tu vida)
que tú, nada inmortal, un día eterno,
seguirás sonriéndome, mirándome
a mí, nada infinita!

(..., madre inmortal, ...) (A p.
(..., hijo infinito!)
vivo

(o: Ellos.)

(Orijinal).
(Nonnata).

70   18

MADRE

¿TODO acabado, todo,
      el mirar, la sonrisa;
todo, hasta lo más leve
de lo más grande?

¡No, yo sé, madre mía,   5
que tú, nada inmortal, un día eterno,
seguirás sonriéndome, mirándome
a mí, nada infinita!

PUERTO

(Insistencia)

¡ESTOS paseos lentos por el muelle de la vida,
antes de embarcar tú!

—La tarde cae
con la paz infinita =pues que he vuelto a ti=
con que caía entonces,
cuando tú estabas junto a la ventana
del patio, todo en flor, pensando.—   (en mí) Ap.

Un afán tris-
te

de recojer en mi alma
toda la primavera última (,)
De) y dártela en mi boca y en mis ojos,
me hace llorar, cantar, reír la luz. —Mi voz es
buena,
tanto, que ya la tuya me parece ¡ay!
menos buena en su gran bondad.—
                                                (Quisiera)
         (Amor)   yo te querría
         (melodía)
colmar de músicas hasta esos mismos

luceros, que en tus ojos
están, dulces, como en el cielo negro; iluminar
toda tu alma —sin mí tantos inviernos—
                                                (Sigue

I 9

PUERTO

¡ESTOS paseos lentos por el muelle de la vida,
antes de embarcar tú!
              —La tarde cae
con la paz infinita = pues que he vuelto a ti =
con que caía entonces,   5
cuando tú estabas junto a la ventana
del patio todo en flor, pensando.—
               Un afán triste
de recojer en mi alma
toda la primavera última   10
y dártela en mi boca y en mis ojos,
me hace llorar, cantar, reir la luz.— Mi voz es
tanto, que ya la tuya me parece ¡ay!   [buena,
menos buena en su gran bondad.—
               Yo te querría 15
colmar de músicas hasta esos mismos
luceros, que en tus ojos
están, dulces, como en el cielo negro; iluminar
toda tu alma —sin mí tantos inviernos—

y
con mi amor, mantenido

por un sol interior de oro de encanto,

en esta tarde azul y alta, hecha interminable...
                                    (mía)
                                    (la)
                        Y que al volver

esta noche, despacio, como hacia la muerte,

~~que~~ te sintieras feliz, inmensamente

                    (   )
contenta del pasado mío,

deseosa sólo de dormir bien\despacio,
                                    (y)

a la luz pura, májica y completa

de todas las estrellas —tus recuerdos buenos...—
                        (mis conozcos)

con mi amor, mantenido   20
por un sol interior de oro de encanto,
en esta tarde azul y alta, hecha interminable ...

                                     Y
                             [que al volver
esta noche, despacio, como hacia la muerte,
te sintieras feliz, inmensamente   25
contenta del pasado mío,
deseosa sólo de dormir bien y despacio,
a la luz pura, májica y completa
de todas las estrellas —tus recuerdos buenos ...—

BAJA a la nada, con mi amor,
como por la pendiente dulce y verde
de esta orilla, a la barca de la tarde;
sonriendo, distraída por pájaros de luz,
con tu mano amorosa y desasida
entre las florecillas

(...florecillas frescas
que... (Ap.

frescas de sol poniente.
(rosas)
(hierbas)(Ap.

(sonriente, feliz, entre las flores) (Ap.

(Orijinal).
(Lejítima).

72   20

B AJA a la nada, con mi amor,
  como por la pendiente dulce y verde
de esta orilla, a la barca de la tarde;
sonriendo, distraída por pájaros de luz,
con tu mano amorosa y desasida   5
entre las florecillas
frescas de sol poniente.

.LA REALIDAD INVISIBLE.

LA MUERTE

¡Cómo se agarra lo inmortal

a lo mortal que vuela, así; (se va, así; (Ap.

¡cómo deja caer todo el tesoro

de sus invisibilidades,

por las tierras que pasan, revelando,

con sus sombras de sol cerrado y fúnebre!

¡Cómo luz parece

que aquél oro, creído oro de luz, un día

falso, atrás, en lo vano

de los olvidos egoístas,

no durá flor, oro de piedras!

(Orijinal).

(Acritica).

73   2 I

LA MUERTE

CÓMO se agarra lo inmortal
      a lo mortal que vuela,
cómo deja caer todo el tesoro
de sus invisibilidades,
por las tierras que pasan revolando,   5
con sus sombras de sol cerrado y fúnebre.

   Cómo parece
que aquel oro creído oro de luz un día
falso, atrás, en lo vano
de los olvidos egoístas,   10
no dará flor, oro de piedras.

A la vejez o nada.
o la muerte.

¡Breve definición la de la muerte,
y exacta! En dos palabras,
                                    conclvido
todo está terminado.

                    Y nada
hay que oponerle ya, ni rosa ardiente,
pretendido retorno al sol de aquella boca
que se quedó en la sombra para siempre;
ni estrella pura,
pretendido retorno de los ojos
que ya nunca verán a las estrellas...

.Triste consuelo
¡
este argumento del espíritu
                        solo
que es solo para el que se queda,
que el que se fué no pudo ver, no pudo
besar; estrella, rosa!

                            ✕

¡Libro terrible -muerte!-
y terrible momento
                        para él
cuando -niños delante él- nos toca
aprenderlo, tan fácil ¡ay! y tan difícil,
aprenderlo, tan corto ¡ay! y tan largo.

74   *2 2*

¡BREVE definición la de la muerte,
y exacta! En dos palabras,
todo está terminado.
                              Y nada
hay que oponerle ya, ni rosa ardiente,   **5**
pretendido retorno al sol de aquella boca
que se quedó en la sombra para siempre;
ni estrella pura,
pretendido retorno de los ojos
que ya nunca verán a las estrellas...   **10**

   ¡Triste consuelo
este argumento del espíritu
que es sólo, sólo para el que se queda,
que el que se fué no pudo ver, no pudo
besar: estrella, rosa!   **15**

la realidad invisible.

A la roja nada
la muerte

¡Breve definición la de la muerte,
y exacta! En dos palabras,
todo está terminado.   *concluído*

                    Y nada
hay que oponerle ya, ni rosa ardiente,
pretendido retorno al sol de aquella boca
que se quedó en la sombra para siempre;
ni estrella pura,
pretendido retorno de los ojos
que ya nunca verán a las estrellas...

¡Triste consuelo
este argumento del espíritu
que es solo para el que se queda,   *solo*
que el que se fué no pudo ver, no pudo
besar; estrella, rosa!

¡Libro terrible -muerte!-
y terrible momento
cuando -niños *para él* ante él- nos toca
aprenderlo, tan fácil ¡ay! y tan difícil,
aprenderlo, tan corto ¡ay! y tan largo.

75   2 3

¡LIBRO terrible —¡muerte!—
  y terrible momento
cuando —niños para él— nos toca
aprenderlo, tan fácil ¡ay! y tan difícil,
tan corto ¡ay! y tan largo!   5

LA REALIDAD INVISIBLE, A la vejez amada.

EN ninguna parte ya
vendrás a vivir conmigo,
a decirme, fina y dulce:
¡Qué bien está todo, hijo!

En ninguna parte ya
y yo lo dejo y lo olvido
y tú te vas escondiendo
y apenas me dices hijo.

Este no vernos será
un no vernos decisivo
en ninguna parte ya
me reirás llorando hijo.

76　　　　*2 4*

EN NINGUNA PARTE YA

EN ninguna parte ya
vendrás a vivir conmigo,
a decirme, mansa y dulce:
"¡Qué bueno está todo, hijo!"

　¡En ninguna parte ya!　　　　⁵
¿Y yo te dejo y te olvido
y tú te vas escondiendo
y apenas me dices: hijo?

　¿Este no vernos será
un no vernos decisivo?　　　　¹⁰
¿En ninguna parte ya
me reirás triste: hijo?

Rosas

Pongamos estas rosas con raíz y ~~son~~ tierra,

en su (recuerdo/entero),

en su imájen perene

sin nada de estrañero,

que es en donde está toda

como era aquí...

¡Nada de alma

al alma sin el cuerpo;

nada de corazón de carne a tierra,

ni lágrimas, ni rezos!

.Todo, como es, a todo

como era. Rosas con raíz

y tierra a su recuerdo entero!

La muerte

Siempre.
La realidad invisible.

77   2 5

ROSAS

PONGAMOS estas rosas con raíz y tierra,
  en su entero recuerdo,
en su imajen perene
sin nada de estrañero,
que es en donde está toda   5
como era aquí ...
                      ¡Nada de alma
al alma sin el cuerpo;
nada de corazón de carne a tierra,
ni lágrimas, ni rezos!   10
¡Todo, como es, a todo
como era. Rosas con raíz
y tierra a su recuerdo entero!

ESTE CIELO AZUL

    Y si el recuerdo
tuyo de mi fuese este cielo azul
de mayo, lleno todo
de las estrellas puras de mis actos!

    (De mis actos iguales como ellas, todos puros diferentes,
limpios, buenos, tranquilos igual que las estrellas
distantes o cercanas.

    Debajo, tu sonrisa en suenos
suenos de tus recierdos de mi vida.)

7 8   2 6

ESTE CIELO AZUL

¡Y si el recuerdo
        tuyo de mí fuese este cielo azul
de mayo, lleno todo
de las estrellas puras de mis actos!

  (De mis actos iguales como ellas, todos puros,   5
                                    [diferentes,
limpios, buenos, tranquilos igual que las estrellas
distantes o cercanas.

  Debajo, tu sonrisa en sueños,
sueños de tus recuerdos de mi vida).

ANTEPRIMAVERA

¿Qué ser de la creación sabe el misterio?
¿el pájaro, la flor, el viento, el agua?
¡Todos quieren decirme lo inefable,
que, al menos, es) verdad en la alegría
del alma con su carne, tan gozosas
de esperar, sin cansancio y sonriendo,
esta promesa múltiple de amor,
alba eterna de un día
...que no se abrirá nunca.

(releer y relacionar,... (Ap.

(Original).
(inédita).

79   2 7

ANTEPRIMAVERA

¿QUÉ ser de la creación sabe el misterio?
   ¿el pájaro, la flor, el viento, el agua?
Todos quieren decirme lo inefable,
que, al menos, es verdad en la alegría
del alma con su carne, tan gozosas   5
de esperar, sin cansancio y sonriendo,
esta promesa múltiple de amor,
alba eterna de un día
... que no se abrirá nunca.

y
ELLOS

¡Necio yo! ¿cómo   (esta pobre...)

podrá nunca llegar esta palabra mía,

al no dicho misterio de sus almas?
                    (espresiones)
¿Cómo sonreirán mis esplosiones vanas

sus cielos interiores,

de un oro blanco que ninguna aurora   (aloura falsa

reflejada podrá alcanzar?   ¿como un espejo?

                                ¿en un espejo turbio?

                                        (Ap.

¡Necio yo, sí; y felices ellas

en su mudez, en su sordera pura!

                        Fin
        (de "A la vieja y muerta") Sí.

                        (Orijinal).
                        (Meritera).

80 · y 28

ELLOS

¡NECIO yo! ¿Cómo
podrá nunca llegar esta palabra mía,
al no dicho misterio de sus almas?
¿Cómo sonreirán mis esplosiones vanas
sus cielos interiores,   5
de un oro blanco que ninguna aurora
reflejada podrá alcanzar?

   ¡Necio yo, sí; y felices ellos
en su mudez, en su sordera pura!

La Realité invisible.

3

La Realité invisible

2

y **3**

LA REALIDAD INVISIBLE

y **2**

LA REALIDAD INVISIBLE: y³: y²

TE removía, noche,   (en mi nuevo,)

el tesoro infinito

de tus entrañas plenas...

                                    (sentí)
    (pnó,)   y toqué una mano fina
    (puso en)

que se vino a la mía dulcemente.

Desperté, si dormía; dormí, si despertaba.

Lo fuí a ver todo; casi
                                    (despeña)
lo vi, casi lo vi, en la luz que florecía
    ( )
de aquel tacto inefable.
                nuevo ¿estrella? —ya
...Ninguna (estrella ya)

viene bien, a mi mano!

(¿Qué estrella eres tú, nuevo?) (Ap.

(Meditata)

81   I

(Insistencia)

TE removía, noche,
   el tesoro infinito
de tus entrañas plenas ...

                    Y toqué una mano fina
que se vino a la mía dulcemente.   5

   Desperté, si dormía; dormí, si despertaba.
Lo fuí a ver todo; casi
lo vi, casi lo vi, en la luz que florecía
de aquel tacto inefable.

   ... ¡Ninguna mano —¿estrella?— ya   10
viene bien a mi mano!

VISIÓN DE COSTA (matinal)

(nudez)

SU callar era el mar,

y su ceguera el cielo; el hondo

pesar por su no ser, era la aurora;

la sombra que tendía

iluminaba el arenal de oro.

...en vez de sombra,
tendía luz sobre la arena de oro.

(Original).

82   2

VISIÓN DE COSTA

SU callar era el mar,
y su ceguera el cielo; el hondo
pesar por su no ser, era la aurora;
la sombra que tendía
iluminaba el arenal de oro.   5

LA REALIDAD INVISIBLE: 3.

(¡X!)

¡ESTA es mi vida, la de arriba,

la de la pura brisa,

la del pájaro último,

la de las cimas de oro de lo oscuro!

(¡X!)

¡Esta es mi libertad, oler la rosa,
(nevta)
cortar el agua fría con mi mano loca,
(romper)
desnudar la arboleda,

cojerle al sol su luz eterna!

(Orijinal).
(Nenñota).

83   3

¡ÉSTA es mi vida, la de arriba,
  la de la pura brisa,
la del pájaro último,
la de las cimas de oro de lo oscuro!

  ¡Ésta es mi libertad, oler la rosa,   [5]
cortar el agua fría con mi mano loca,
desnudar la arboleda,
cojerle al sol su luz eterna!

PODER, que me utilizas,
como medium sonámbulo,
para tus misteriosas comunicaciones;
¡he de vencerte, sí,
he de saber qué dices,
qué me haces decir, cuando me cojes;
he de saber qué digo, un día!

(..., un día, lo que digo!) (Ap.

(Orijinal).
(Mejorida).

Kosmos, 3.

84

4

PODER, que me utilizas,
   como medium sonámbulo,
para tus misteriosas comunicaciones;
¡he de vencerte, sí,
he de saber qué dices,   5
qué me haces decir, cuando me cojes;
he de saber qué digo, un día!

CANCIÓN

¿ADÓNDE, nubes del ocaso,
con esa breve luz, adónde?

¿Adónde, nubes del poniente,
con esa luz eterna, adónde?

(Orijinal).
(Medidos).

85   5

CANCIÓN

¿A DÓNDE, nubes del ocaso,
con esa breve luz, adónde?

¿Adónde, nubes del poniente,
con esa luz eterna, adónde?

LA REALIDAD INVISIBLE.

(Pompa)

¡VIDA mía, ardiente ámbito,

que te dilatas, sin fin,

cada instante —corazón

que quisiera tener todo` (que quiere tenerlo
                                         avía (Ap.

`dentro de su tierna carne—,

por coger
          en ti
(toda) `(dentro) la libertad rúljida

de tus flechas infinitas!

(Orijinal).

(Inédita).

86   6

¡VIDA mía, ardiente ámbito,
   que te dilatas, sin fin,
cada instante —corazón
que quisiera tener todo
dentro de su tierna carne—,   5
por cojer
en ti la libertad fúljida
de tus flechas infinitas!

LA REALIDAD INVISIBLE:

¡cómo, cantando, el pájaro,
en la cima de luz del chopo verde,
al sol alegre de la tarde clara,
me parte el alma, a gusto, inmensamente, en dos
—¡y qué, sangre de música chorrea—, (gotea—) Ap.
desde el cenit sin vuelta^
a la tierra sin (fondo!)
        ¡cambio! ¿Ap.

        ╯

(sangre melódica chorrea—,) Ap.

(Orijinal).
(Aceptada).

8 7

7

¡CÓMO, cantando, el pájaro,
en la cima de luz del chopo verde,
al sol alegre de la tarde clara,
me parte el alma, a gusto, inmensamente, en dos
—¡y qué sangre de música chorrea!—,   5
desde el cenit sin vuelta
a la tierra sin cambio!

LA REALIDAD INVISIBLE: 3.

LA ofensa que me has hecho
en el sueño, me sigue echando sombra,
—como una nube estacionada,—
en el día, sin fin.

                    ¡Ay, qué insistencia
tan triste; qué batalla
inmensa, sofocante, inestinguible,
en no sé qué de mí! Parece
que mi secreto lucha, en mi inconsciencia, *(impotencia,)*
con tu misterio;
¡que medio yo enterrado, lucha
con media tú que vuelas!

—¡el nublazón estacionado!— (Ap.

(Orijinal).
(Sentida).

88
8

LA ofensa que me has hecho
en el sueño, me sigue echando sombra
—como una nube estacionada—
en el día, sin fin.

             ¡Ay, qué insistencia   5
tan triste; qué batalla
inmensa, sofocante, inestinguible,
en no sé qué de mí! Parece
que mi secreto lucha, en mi inconciencia,
con tu misterio;   10
¡que medio yo enterrado, lucha
con media tú que vuelas!

LAS cosas dan a luz. Yo
las amo, y ellas, conmigo,
en arcoiris de gracia,
me dan hijos, me dan hijos.

(Dulce,

(Inédita).

89   9

L AS cosas dan a luz. Yo
   las amo, y ellas, conmigo,
en arcoiris de gracia,
me dan hijos, me dan hijos.

(Rincón velnz)(Ap.

LA mariposa
¡qué pensativa es!

va por las flores
de la tarde, insistente
en lo amarillo,—un punto, eterno,—del jardín,
como el alma en amor, por los recuerdos.

en el oro, un instante, eterno, ⎫
⎬ Ap.
como el alma, en ausencia ⎪
de amor, por los recuerdos. ⎭

(Orijinal).
(Definitiva).

90   10

L A mariposa
¡qué pensativa es!
                              Va por las flores
de la tarde, insistente
en lo amarillo, —un punto, eterno,— del jardín,   5
como el alma en amor, por los recuerdos.

LA REALIDAD INVISIBLE.

LA tierra se quedó en sombra;
granas, las nubes ardían;
y yo pensaba en la muerte,
que ha de partirnos un día.

Las altas nubes ardían; / (Ap.
altas, las —

que tengo de partir un día. / (Ap.
l'ora de partirte —
un esperar —

(Original).
(Mística).

91   11

L A tierra se quedó en sombra;
  granas, las nubes ardían;
y yo pensaba en la muerte,
que ha de partirnos un día.

LA REALIDAD INVISIBLE.

FUÉ lo mismo
que un crepúsculo inmenso de oro alegre,
que, de repente, se apagara todo,   (cuarto se apa...
.. to todo
en un nublado de ceniza.   (en nubes   pron,

—Me dejó esa tristeza
de los afanes grandes, cuando tienen (májicos, que
que encerrarse en la jaula
de la verdad diaria; ese pesar
de los jardines de colores ideales,
que borra una luz sucia de petróleo.— (pobre

Yo no me resignaba.
Le lloré; lo obligué. Vi la ridícula
sinrazón de esta cándida hermandad   (sinrazón de
la vida
de hombre y vida,   (de muerte y vida.   la muerte)
de muerte y hombre.

¡Y aquí estoy, vivo ridículo, esperando,
muerte ridículo, a la muerte!

(Tercitata).

9²   I 2

FUÉ lo mismo
   que un crepúsculo inmenso de oro alegre,
que, de repente, se apagara todo,
en un nublado de ceniza.

   —Me dejó esa tristeza   5
de los afanes grandes, cuando tienen
que encerrarse en la jaula
de la verdad diaria; ese pesar
de los jardines de colores ideales,
que borra una luz sucia de petróleo.—   10

   Yo no me resignaba.
Le lloré; le obligué. Vi la ridícula
sinrazón de esta cándida hermandad
de hombre y vida,
de muerte y hombre.   15

   ¡Y aquí estoy, vivo ridículo, esperando,
muerto ridículo, a la muerte!

OCASO

(Insistencia)

ESA nube morada, que el poniente de oro trasparenta,

¿no es, acaso, mi triste corazón,

que un amor que se va pasa de luz?

(tu)
(el) Ap.   (se fué) Ap.

(que el sol poniente...)
(mi oscuro corazón,
      negro corazón,   ) Ap.

(o fuego y sentimiento.)

(Original).

(Manera).

9 3   I 3

OCASO

(Insistencia)

ESA nube morada,
que el poniente de oro trasparenta,
¿no es, acaso, mi triste corazón,
que un amor que se va pasa de luz?

VUELTA

(dentro, cual mi) (Ap.

ÁRBOL que traigo en mí, como mi cuerpo,

del jardín; agua, alma;

¡qué música me hacéis allá en mi vida;

(,( ))
cómo soy melodía y ritmo y gracia

de ramas y de ondas,

de ondas y de ramas;

¡cómo me abro, con vosotros, y me cierro,

cojiendo el infinito,

y dejándolo ir —luces y alas|—

(Original).
(Inédita).

94   14

VUELTA

ÁRBOL que traigo en mí, como mi cuerpo,
    del jardín; agua, alma;
¡qué música me hacéis allá en mi vida;
cómo soy melodía y ritmo y gracia
de ramas y de ondas,   5
de ondas y de ramas;
cómo me abro, con vosotros, y me cierro,
cojiendo el infinito,
y dejándolo ir —luces y alas—!

¿TE cojí? Yo no sé
si te cojí, pluma suavísima,
o si cojí tu sombra.

si te cojí la sombra,
o si te cojí.

si te cojí, pluma suavísima,
si te cojí la sombra.

(Ap.

(Orijinal).
(Inédito).

95   15

¿TE cojí? Yo no sé
       si te cojí, pluma suavísima,
o si cojí tu sombra.

LA REALIDAD INVISIBLE: y 3.

(te scre[?]me)(se)
¡QUÉ desclavarme constante

(mi) el alma, de todo, ay!;

¡qué recejer sangre, esto,

qué limpiar mi sangre en todo,

qué irme a lo etro, sonriendo

de pesar inestinguible

—cada segundo, infinite

de tristeza inmaterial—,
(el)
con corazón vaciado!

(Orijinal).

(Inédita).

96   16

¡QUÉ desclavarme constante
el alma, de todo, ay!;
¡qué recojer sangre, éste,
qué limpiar mi sangre en todo,
qué irme a lo otro, sonriendo   5
de pesar inestinguible
—cada segundo, infinito
de tristeza inmaterial—,
con corazón vaciado!

La verdad invisible.

. ¿Quién te cogiera, vida, ese pequeño
ese gesto sutil, ese ligero (liviano
secreto, ese misterio
fugaz que ~~igual~~ que en esta niña
la sonrisa, el ~~tic~~ cinto de la sonrisa
fuera, en tu toda tu infinito (cielo

tu único tesoro invisible y ~~perpetuo~~
tu exacto sentimiento,
tu inextinguible eco,
tu infinito recuerdo,
en forma de tu melodía,
tu temblorcito, vida inmensa, eterno!

                              mío

I 7

¡QUIÉN te cojiera, vida, ese pequeño
      jesto sutil, ese lijero
secreto, ese misterio
fugaz que —igual que en esta niña
la sonrisa, el tic lindo de la vista—,   5
fuera, en tu toda tú, infinito,
tu único tesoro indivisible y fresco,
tu exacto sentimiento,
tu inestinguible eco,
tu infinito recuerdo,   10
la forma de tu vuelo,
tu nombrecillo, vida inmensa mía, eterno!

LA REALIDAD INVISIBLE.

¡AY, mañana, mañana,
que no le seas sólo de la infancia;
mañana, lumbre pura
de la madurez, nunca
ya relegada por la vida;
presente eterno, májica conquista!
                    (sin igual) (Ap.

—¡Ay, luz de nuestra sombra,
echada de nosotros por la tarde,
Y con pureza de madre,   X(clara, con...)(Ap.
sobre el oculto prado de las rosas solas!—

✓

(echada, clara, nuestros, negros, profetizas,...)
                              (Ap.

                    (Orijinal).
                    (*límpida).

98   1 8

¡AY, mañana, mañana,
    que no lo seas sólo de la infancia;
mañana, lumbre pura
de la madurez, nunca
ya relegada por la vida;   5
presente eterno, májica conquista!

—¡Ay, luz de nuestra sombra,
echada de nosotros por la tarde,
con pureza de madre,
sobre el oculto prado de las rosas solas!—   10

Cielos

El olor de una flor, nos hace dueños,
por un momento, de la [...]   tierra;
(el sol,) la luz del cielo azul que, por la tarde,
la puerta (que se abre) deja entrar;
el recibir una palabra buena,
inútil) un (momento) del amor inesperado...

No hay en la tierra y en el cielo
más que nosotros. Nuestras penas
no son nuestro trabajo
sino de aire y de luz. La casa es dulce,
dulce es el campo. Y, un instante,
reinamos; pobres. sobre nuestra vida...
                                    (tierra)

[illegible lines]

y el presente una alegría [...]
que [...]

                        ...sobre el mar.

[illegible]

que solo [...]

Julio

99   1 9

EL olor de una flor nos hace dueños,
    por un instante, del destino;
el sol del cielo azul que, por la tarde,
la puerta que se entreabre deja entrar;
el presentir una alegría justa;   5
un pájaro que viene a la ventana;
un momento del algo inesperado ...

    No hay en la soledad y en el silencio
más que nosotros tres:
—visita, hombre, misterio—.   10

                        El tiempo y los re-
no son nudos de atajos   [cuerdos
sino de aire y luz. Andamos sonriendo
sobre el tranquilo mar. La casa es dulce,
bellas sus vistas ...   15

            Y un instante,
reinamos ¡pobres! sobre nuestra vida.

Regreso.   o P. presina

Un escalofrío leve,
una tristeza inconciente
—de pronto, al hundirse el sol.

~~Y el desierto campo inmenso~~
me quedo sin corazón—,
y el desierto campo inmenso
es mi frío cuerpo muerto.

100　　　　*2 0*

REGRESO

UN escalofrío leve,
　una tristeza inconciente
—de pronto, al hundirse el sol,
me quedo sin corazón—,
y el desierto campo inmenso　　　⁵
es mi frío cuerpo muerto.

La realidad invisible.

HEMOS sido, seremos.
sí, ¡pero nunca somos!
¿ cuando ?

101   2 I

H EMOS sido, seremos.
Sí, ¡pero nunca somos!

La felicidad imposible × Nuvas.

Fugas

ilusión
Barquito re papel en cualquier agua,
1 molino re papel en cualquier viento,
barriletes al cielo,
juego al es-conder...

— Desde niños, ¡qué afán
2 re arriegar nuestras vidas
a la muerte!—

La muerte, madre, nos sonríe
4,3 compasiva; y, a veces,
nos ama tanto...
que nos espera; (que ya nos protegemos;
y si es la nuestra vida es el barquito,
en el molino, o en el barrilete,
ya no nos encontrar, nunca,
en nuestro escondite!

102   2 2

FUGAS

BARQUITOS de ilusión en cualquier agua,
molinos de papel en cualquier viento,
barriletes al cielo,
juegos al esconder ...

 —Desde niños, ¡qué afán   5
de entregar nuestras vidas
a la muerte!—

 La muerte, madre, nos sonríe
complacida; y, a veces,
nos ama tanto,   10
que no espera;
y se va nuestra vida en el barquito,
en el molino, o en el barrilete.
¡Ya no nos encuentran, nunca,
en nuestro escondite!   15

LA REALIDAD INVISIBLE.

¡si fuese mi vida como un lugar
del mar o el cielo; el mismo y otro siempre, con las olas,
el mismo y otro siempre, con las nubes;
firme y errante,
aguardador y solitario,
encontrado y desconocido,
amado y olvidado, y libre y preso,
—el mismo y otro siempre, con mis nubes,
con mis olas!—

(Inedito).

103   *2 3*

¡SI fuera yo como un lugar
del mar o el cielo; el mismo y otro siempre,
                                   [con las olas,
el mismo y otro siempre, con las nubes;
firme y errante,
aguardador y solitario,   5
encontrado y desconocido,
amado y olvidado, y libre y preso,
—el mismo y otro siempre, con mis nubes,
con mis olas—!

"Nocturno romántico"

I

Abrazado en el perfume de las rosas de olor
me desilusiona la luna, y oigo el mar.

blanco brazo tendido, fin por donde sale,
en cita inmaterial, el alma de la vida
al alma material del infinito!

II

En el abrazo, yo. Pero ellos ¡ah!
hombre y mujer al fin,
no hacen caso de mí, en su inmenso éxtasis,
ni eso mira fundirse, niño triste y ávido,
en plena eternidad de amor.

~~volando inmensamente y miro, y oigo~~

III

Y vuelo inmensamente, y miro, y oigo,
y vuelvo a adivinar, con los sentidos
de par en par abiertos al instante,
el gran secreto.
Mas vida e infinito no hacen caso,
mujer y hombre, al fin, del niño triste.

IV

Enamorado, como un niño triste,
de la vida, mujer, de mozo solo, loco,
y oigo, y miro, y vuelo inmensamente.

—quisiera conseguir inmenso con mi tristeza,
a la fuerza, a la fuerza
¡su año al infinito!—;

104

2 4

MAR IDEAL

I

AHOGADO en el perfume de las rosas de la
me deslumbra la luna, y oigo el mar. [orilla,
¡Punta de tierra,
blanco brazo tendido, fin por donde sale,
en cita, inmaterial, el alma de la vida   5
al alma material del infinito!

II

En el abrazo, yo. Pero ellos ¡ay!
hombre y mujer al fin,
no hacen caso de mí, en su inmenso éstasis,
que los miro fundirse, niño triste y ávido,   10
en plena eternidad de amor.

Psicológico.   *Batallón eléctrico*

~~La música invisible.~~

~~Mar real~~

"Nocturno romántico"

I

Abrazo en el perfume de las rosas ~~relas~~   *playa*
me desvanezco en la luna, y oigo el mar.   *ella,*

Punta de tierra,
¡Blanco brazo tendido, fin por donde sale,
en cita, inmaterial, el alma de la vida
al alma material del infinito!

II

En el abrazo, yo. Pero ellos; ¡ah!
¡Hombre y mujer al fin,
no hacen caso de mí, en su inmenso éxtasis,
su eco mira fundirse, niño triste y árido,
en plena eternidad de amor.
~~todo lo inmensamente y mío y eterno~~

III

y vuelo inmensamente, y miro, y oigo;
y quiero adivinar, con los sentidos
~~de~~ por un par abiertos al instante,
el gran secreto.
¡Mas vida e infinito no hacen caso,
mujer y hombre, al fin, del niño triste!

y IV

Enamorado, como un niño triste,
de la vida, mujer, solloza loco, loco,
y oigo, y miro, y vuelo inmensamente.

*¡quisiera conseguir su amor con mi tristeza,
a la fuerza, a la fuerza¡
—¡no odio al infinito!—;*

III

Y huelo inmensamente, y miro, y oigo,
queriendo adivinar, con los sentidos
de par en par abiertos al instante,
el gran secreto.   15
Mas vida e infinito no hacen caso,
mujer y hombre, al fin, del niño triste.

y IV

Enamorado, como un niño triste,
de la vida, mujer, sollozo solo, loco,
queriendo conseguir su amor con mi tristeza,   20
a la fuerza, a la fuerza
—¡qué odio al infinito!—;
y oigo, y miro, y huelo inmensamente.

LA REALIDAD INVISIBLE.

PARECÍAS,
apasionada ya, y aún iracunda,
una puesta de sol, tras la tormenta.

El fulgor rojo de tus ojos chorreantes
iluminaba, aquí y allá, tu sombra trájica,
en coronación última;
—¡oh, qué nostaljia inmensa de un crepúsculo=¡ este!=
que había de venir!—

¿Donde vi yo un paisaje de ciudad
—barrios abiertos al ocaso
del mar, con las fachadas de cristales recorridas
de roja luz sangrante,— (esquiva, (brotante (Ap.
así, terriblemente, gloriosamente único,
que parecía una mujer?

...que parecía una mujer desconocida; (que de mí (Ap.
—¡oh, qué nostaljia inmensa de una mujer=¡tú!
que había de venir!—

(Activa)

2 5

Parecías,
apasionada ya, y aún iracunda,
una puesta de sol, tras la tormenta.

El fulgor rojo de tus ojos chorreantes
iluminaba, aquí y allá, tu sombra trájica,   5
en coronación última;
—¡oh, qué nostaljia inmensa de un crepúsculo
que había de venir!—   [= ¡éste! =

¿Dónde vi yo un paisaje de ciudad
—barrios abiertos al ocaso   10
del mar, con las fachadas de cristales recorridas
de roja luz sangrante—
así, terriblemente, gloriosamente único,
que parecía una mujer?

... Que parecía una mujer desconocida;   15
—¡oh, qué nostaljia inmensa de una mujer
que había de venir!—   [= ¡tú! =

ENTRETIEMPO INTERIOR

LA tarde de mi espíritu,

de pronto, se incendió de grana.

Se deslumbraron mis ruinas...

—Mi sentimiento era

ausente del instante, y temeroso

igual que un pajarillo

que temblara, soñando, entre las ramas yertas

de la tarde helada

—ya la ~~luna~~ entrevista luna violeta—,

(a un zafiro)
tras las hojas escasas, un momento

(   )
con sol de oro.—

(piedra)   (o)
...Y en el frío del alma, quietecita

en el plumón suave y ahuecado

(de la nostaljia,)
del corazón hecho nostaljia,

un momento latió una primavera —lejanísima—

de vientos claros y brillantes nubes,

irreales
sobre los ~~nubes~~ árboles, no secos,

desnudos.

sobre los irreales árboles desnudos.   (¿evitarla?).

106

2 6

ENTRETIEMPO INTERIOR

LA tarde de mi espíritu,
de pronto, se incendió de grana.
Se deslumbraron mis ruinas ...

—Mi sentimiento era
ausente del instante, y temeroso   5
igual que un pajarillo
que temblara, soñando, entre las ramas yertas
de la tarde helada
= ya la entrevista luna violeta =,
tras las hojas escasas, un momento   10
con sol de oro.—

... Y en el frío del alma, quietecita
en el plumón suave y ahuecado
del corazón hecho nostaljia,
un momento latió una primavera —lejanísima—   15
de vientos claros y brillantes nubes,
sobre los irreales árboles, no secos,
desnudos.

OCASO

( ).

¡En qué sonido de oro que se va,
de oro que se va a la eternidad;
qué triste nuestro oido, de escuchar
ese oro que se va a la eternidad,
este silencio que se va a quedar   (ahora)
sin su oro que se va a la eternidad!

27

OCASO

¡OH qué sonido de oro que se va,
de oro que se va a la eternidad;
qué triste nuestro oído, de escuchar
ese oro que se va a la eternidad,
este silencio que se va a quedar   5
sin su oro que se va a la eternidad!

AMOR

(¿A)

¡POR qué este olor, mezclado

de ´carne, y de infinito,

en la tarde tranquila?   (serena?

¡De qué´ mujer ardiente y venidera,

(llega)

viene ya a mí, como un recuerdo

de mi vida futura?

(Moguer).

108   2 8

AMOR

¿POR qué este olor, mezclado
        de carne, y de infinito,
en la tarde tranquila?

¿De qué mujer ardiente y venidera,
viene ya a mí, como un recuerdo   5
de mi vida futura?

LA REALIDAD INVISIBLE:

¡quién fuera como tú, secreto,
grande siempre
por pequeño que seas; joya única!

---

1. Secreto, ovurrnr y ovrnerto
te h por toro;
totalior sin fin,
hacia dentro, hacia fuera;
te nuro; joya única!)   (Ap.

(Orijinal).
(Inédita).

109   2 9

¡QUIÉN fuera como tú, secreto,
     grande siempre
por pequeño que seas; joya única!

PUERTO

DORMIDOS, nuestro cuerpo

es el ancla

que nuestra alma deja   (arroja

en el fondo del mar de nuestra vida.

de noche, el cuerpo
es el ancla
que el alma deja
en...   ) (Ap.

(Orijinal).

(Anterior).

110   30

PUERTO

DORMIDOS, nuestro cuerpo
es el ancla
que nuestra alma deja
en el fondo del mar de nuestra vida.

LA REALIDAD INVISIBLE.

¿Y qué importa de todo,   (uara,

si podemos quemar

cada pena ¡oh pasión! en cada estrella,

si podemos hacer

del negro cielo inmenso

        uara

nuestra inmensa alegría iluminada?

(Medina).

III   3 1

¿Y qué importa de todo,
    si podemos quemar
cada pena ¡oh pasión! en cada estrella,
si podemos hacer
del negro cielo inmenso
nuestra inmensa alegría iluminada?

LA MUERTE

¡DE noche, (cuándo) mientras duermo,

qué honda va mi vida!

—Si me quedara yo sin vida, entonces, (ella)

¡qué bella alma encontraría yo!— (vida)

¡Oh corriente profunda, yo de adentro,

reflejadora del secreto íntimo,

que el sol deshace cada día,

pasando el agua \ahondada,/ descansada;

cuándo, con la costumbre de ser honda,

de no volver al yo de arriba

—al barco triste—,

tendrás conciencia de tu sueño májico!

(Herrera).

112   3 2

LA MUERTE

¡D E noche, mientras duermo,
qué honda va mi vida!
—Si me quedara yo sin vida, entonces,
¡qué bella alma encontraría yo!—

¡Oh corriente profunda —yo de adentro—,   5
reflejadora del secreto íntimo,
que el sol deshace cada día,
pasando el agua descansada, ahondada;
cuándo, con la costumbre de ser honda,
de no volver al yo de arriba   10
—al barco triste—,
tendrás conciencia de tu sueño májico!

La realidad invisible.
~~Estrellas~~
Habla, habla. Mira, mira...
¡No, la voz no se estingue!
¡No, no se estingue la mirada!
Más ahí, más ahí, más allá siempre,
hablaremos y miraremos todos,
(después de muertos)
eternamente.

113

33

ESTRELLAS

HABLA, habla. Mira, mira...
¡No, la voz no se estingue;
no, no se estingue la mirada!
Más allá, más allá, más allá siempre,
hablaremos y miraremos todos,   5
(después de muertos)
eternamente.

~~[crossed out]~~ o Desvelo.

Primer amor divino
Luna última.

¡Oh, lo encontré! ¡Sí! el gran pájaro
blanco
de luz, posada
—parada música—
en el regazo de las copas
negras y quietas de los árboles.
—¡Qué paz y qué descanso
de lo ideal en lo real!—

¡Lo vi, como una desnudez eterna!
¡Sí, el gran pájaro blanco,
de luz!

...Él, sorprendido por mis ojos,
negros, no
se levantó de pronto.
Se fue yendo, sin irse casi, no sé cómo
—tanto se iba como se quedaba—,
se fue yendo, en un éxtasis gustoso,—
casi queriendo irseme del todo
y quedándose todo su misterio,
con ese encanto y esa gracia
del primor ti de amor-adolescente.

¡Primor amor divino!

x—tanto que no sabía yo si estaba allí
=¡muerte divina!=
(o si ya estaba tras el mar,
y ya él—

114

3 4

PRIMER AMOR DIVINO

¡YA lo encontré! ¡Sí! El gran pájaro blanco
    de luz, posado
—parada música—
en el regazo alto de las copas
negras y quietas de los árboles.   5
—¡Qué paz y qué descanso
de lo ideal en lo real!—

    ¡Lo vi, como una desnudez eterna!
¡Sí, el gran pájaro blanco,
de luz!   10

        ... Él, sorprendido por mis ojos negros, no
se levantó de pronto.
Se fué yendo, sin irse casi, no sé cómo
—tanto se iba como se quedaba—,
se fué yendo, en un éstasis gustoso,   15
casi queriendo dárseme del todo
y guardándose todo su misterio,
—tanto, que no sabía yo si estaba allí
= ¡muerte divina! =
y ya él estaba tras el mar.—   20

    ¡Primer amor divino!

La realidad invisible.   + desvelo.
                                            (¿creantes)?

.¿de dónde, dre?; ¿en dónde?

                        ... Siento
que estas noches me claman por mi nombre,
cuando ya todos duermen
y nadie habla.

Es voz no conocida,
y debe venir cerca, en lo distante,
porque se oye ya en la brisa muda
                                    pura.

Sol de la aurora; siento
que vuelvo a más lejos que del sueño, a
que me voy alejando, cada día, más
de ti, dre de esta vida,
como en un barco inmenso
que se alejara de algo que no sintiéramos,
proa a algo sin nombre y sin recuerdo,
sin ver nosotros cómo, ni por dónde...
                    yo

x Sol, ¿no sabes tú por dónde?

x —a ti, cata mañana;
            xxx

x ¿Por dónde, dre; por dónde, dre?

        La muró.

115   3 5

DESVELO

¿DE dónde, sol?, ¿en dónde?
                              ... Siento
que estas noches me llaman por mi nombre,
cuando ya todos duermen
y nadie habla.   5

    Es voz no conocida,
y debe venir cerca, en lo distante,
porque se oye ya en la brisa muda.

    Sol de la aurora; siento
que vuelvo de más lejos que del sueño   10
a tí, cada mañana;
que me voy alejando, cada día, más
de tí, sol de la aurora,
como en un barco inmenso
que se alejara de algo mío,   15
proa a algo sin nombre y sin recuerdo,
sin ver yo cómo ni por dónde ...

    ¿Por dónde, sol; por dónde, sol?

LUZ

I

DE pronto, entrando

en el jardín, vi el sol

—que ya se había puesto tras lo bajo—,

el sol alto del cielo blanco y oro,

echado,
posado, quieto en las profundas cimas

del cerrado verdor, por fuera en sombra.
recinto

II

Fué como si yo entrara

en el corazón vivo —¡qué sorpresa!—,

en el ardiente centro

de la hermosura.—Y era el sol como una música

estasiada, trasfigurada, aparecida,

como un dios en su nido, como

un tesoro humano

hecho ideal, como un ideal en fuga,

descansando...—
¡por gusto

III

¡qué paz, qué encanto, qué
oro!

116

36

LUZ

I

DE pronto, entrando
en el jardín, vi el sol
—que ya se había puesto tras lo bajo—,
el sol alto del cielo blanco y oro,
echado, quieto en las profundas cimas   5
del cerrado verdor, por fuera en sombra.

II

Fué como si yo entrara
en el corazón vivo —¡qué sorpresa!—,
en el ardiente centro
de la hermosura. —Y era el sol como una música   10
estasiada, trasfigurada, aparecida,
como un dios en su nido, como
un tesoro humano
hecho ideal, como un ideal en fuga,
por gusto descansando ...—   15

III

¡Qué paz, qué encanto, qué oro!

255

Ni una hoja/se movía, dentro.
Aquello, cual
Era como si uno
fuera a ser armonía pura y clara
de un instrumento eterno, una cadencia
que pudiese durar por vida y muerte
y eternidad, sin pena ni cansancio...
—Como el sol de la muerte, sorprendido
por la vida—
...Era uno mismo y uno solo,
hecho verdad allí, verdad
de su ilusión.

¡Qué paz, y qué retardo, y qué o-
ro!

IV

—...Se había ido el sol? Y se quedaba
aquella luz allí, posada, para siempre,
en su verdad mía, conmigo.—

Venía conmigo.

Ni una hoja áurea se movía.
Aquello era como si uno
fuese a ser armonía pura y clara
de un instrumento eterno, una cadencia   20
que pudiera durar por vida y muerte
y eternidad, sin pena ni cansancio...
—Como el sol de la muerte, sorprendido
por la vida medrosa.—
... Era uno mismo y uno solo,   25
hecho verdad allí, verdad
de su ilusión.

       ¡Qué paz, y que retardo, y qué oro!

y IV

—... ¿Se había ido el sol? Y se quedaba
aquella luz allí, posada, para siempre,   30
en su verdad mía, conmigo.—

La realidad invisible.

Creía ya perdido
en mí mi corazón, este "ta, tá, ~~nunca~~
~~seco~~ ~~seco~~ y duro, que me entra
un yo distinto en mí; y ~~pense~~ ~~tu a~~ dormirme,
nlesmente, ~~en mi cuerpo~~.

Mas, de pronto
—cayendo el día aquel, contradictorio—,
entre los matorrales de un barranco,
bajo mí apareció —tá, tá, tá, tá—, ¡de nuevo
¡poto insomable, ajeno, loco!

....
....
(V)

117   3 7

CREÍA ya perdido
    en mí mi corazón, este "tá, tá",
seco y duro, que me entra
un yo distinto en mí; y fui a dormirme,
dulce, contra mi cuerpo.   5

                    Mas, de pronto
—cayendo el día aquél, contradictorio—,
entre los matorrales del barranco,
se levantó —"tá, tá"— de nuevo, bajo mí,
en esplosión revuelta de cascos y relinchos,   10
¡potro indomable, ajeno, loco!

La realidad invisible

(V.)

¡Cómo la noche negra
te hace pregunta con mi pensamiento!

—¡A todo llega
la sombra!—

La sombra ¡cómo
te hace, en el todo, pensamiento mío!
este agujero de lo ignoto,
—de pensamiento mío!
con estrellas penosas...

38

¡CÓMO la noche negra
se hace profunda con mi pensamiento!

—¡A todo llega
la sombra!—

La sombra, ¡cómo   5
se hace, en cada agujero de lo ignoto,
con ojos como estrellas, fijas,
buho de pensamiento mío!

LA REALIDAD INVISIBLE.

(La muerte) (Nocturno)

DEJAD las puertas abiertas,
esta noche, por si él
quiere, esta noche, venir,   (Ap.
que está muerto.

       Abierto todo,
a ver si nos parecemos
a su cuerpo; a ver si somos
algo de su alma, estando
entregados al espacio;
a ver si el gran infinito
nos echa un poco, invadiéndonos,
de nosotros; si morimos
un poco aquí; y allí, (en) en él,
vivimos un poco.

       ¡Abierta
toda la casa, lo mismo
que si estuviera de cuerpo
presente, en la noche azul,
con nosotros como sangre,   (Kanto, (Ap.
con las estrellas por flores!

          (Orijinal).
          (Aritira).

3 9

DEJAD las puertas abiertas,
esta noche, por si él
quiere, esta noche, venir,
que está muerto.

       Abierto todo,   5
a ver si nos parecemos
a su cuerpo; a ver si somos
algo de su alma, estando
entregados al espacio;
a ver si el gran infinito   10
nos echa un poco, invadiéndonos,
de nosotros; si morimos
un poco aquí; y allí, en él,
vivimos un poco.

        ¡Abierta   15
toda la casa, lo mismo
que si estuviera de cuerpo
presente, en la noche azul,
con nosotros como sangre,
con las estrellas por flores!   20

Eternidades

~~Epitafios~~
Retorno primaveral
o un epitafio.

Donde tuvo su fé,

le brotan hoy rosales.

Y el aroma

le hace, en torno, otro mundo

— como aquel, ilusorio —,

que, hacia el alma, es el cielo,

y, hacia el cielo, es el alma.

120   4 0

RETORNO PRIMAVERAL
DE UN EPITAFIO

DONDE tuvo su fe,
le brotan hoy rosales.

Y el aroma
le hace, en torno, otro mundo
—como aquél, ilusorio—,   5
que, hacia el alma, es el cielo,
y, hacia el cielo, es el alma.

PERO TÚ FUISTE MÁS
(Todo es siempre menos.
ANTES).

PERO tú fuiste más. Lo que me diste
pasó los mil ocasos infinitos
de mi ilusión ansiosa;
y en el sinfín del fin
abrió un momento hacia mis ojos
la flor que se abre siempre
contra los ojos del que vé más, más.

Sí, sí, yo ví por ti
lo no visto por nadie ni por mí
antes de ti; yo ví
más que lo que ha creído,
Rimbaud, algunas veces ver el hombre,
más de lo que ha creído
algunas veces develar
la mujer.

¡Qué trasparencia
insólita, con el tesoro
de todo lo imposible deseado
en su entreabierta invisibilidad!

1620

(Tezzaiorr.
mario.

15.2.21

1 2 1   41

PERO TÚ FUISTE MÁS
(Todo es siempre menos.

ANTES).

PERO tú fuiste más. Lo que me diste
     pasó los mil ocasos infinitos
de mi ilusión ansiosa;
y en el sinfín del fin
abrió un momento hacia mis ojos   5
la flor que se abre siempre
contra los ojos del que ve más, más.

   Sí, sí, yo ví por ti
lo no visto por nadie ni por mí
antes de ti; yo ví   10
más que lo que ha creído,
Rimbaud, algunas veces ver el hombre,
más de lo que ha creído
algunas veces develar
la mujer.   15

        ¡Qué trasparencia
insólita, con el tesoro
de todo lo imposible deseado
en su entreabierta invisibilidad!

COMO LA SOMBRA DE UNA FLOR

Sí, morir y nacer
como la sombra de una flor
a la brisa tranquila,
en la tierra; en el agua;
existencia preciosa
sin dolor ni ruína,
sin fealdad ni duelo ni trastorno;
apareciendo, solo, y desapareciendo, sólo,
como la sombra de una flor.

(1920,
1945)

4 2

COMO LA SOMBRA
DE UNA FLOR

Sí, morir y nacer
como la sombra de una flor
a la brisa tranquila,
en la tierra; en el agua;
existencia preciosa   5
sin dolor ni ruína,
sin fealdad ni duelo ni trastorno;
apareciendo, y desapareciendo, sólo,
como la sombra de una flor.

EPITAFIO IDEAL

¡LIBRO acabado,

caída carne mía,

(la)
labrador subterráneo de mi vida!

(Meritaca).

123   43

EPITAFIO IDEAL

¡L IBRO acabado,
   caída carne mía,
labrador subterráneo de mi vida!

(el amigo solo) (único) (Ap.

EL SÓLO AMIGO

SERÁ lo mismo
—tú vivo, yo en la muerte—
que en una cita en un jardín,
cuando se tiene que ir el que esperaba,
—¡con qué tristeza!—, a su destino,
y el que tenía que llegar, llega
de su destino, tarde —¡y con qué afán!—

TÚ irás llegando, y verás solo
el banco; y, sin embargo, llegarás a él,
y mirarás un poco a todas partes,
con ojos tristes, deslumbrados
del sol interno de tu ocaso grana; (vago; (triste; (único;
(Ap.
y luego, lentamente, lo mismo que conmigo,
te irás, tan lejos
de ti, como está yo.

(Original).

(Maitena).

(Antepenúltima)?

124   4 4

EL SOLO AMIGO

SERÁ lo mismo
—tú vivo, yo en la muerte—
que en una cita en un jardín,
cuando se tiene que ir el que esperaba,
—¡con qué tristeza!—, a su destino,   5
y el que tenía que llegar, llega
de su destino, tarde —¡y con qué afán!

Tú irás llegando, y verás solo
el banco; y, sin embargo, llegarás a él,
y mirarás un poco a todas partes,   10
con ojos tristes, deslumbrados
del sol interno de tu ocaso grana;
y luego, lentamente, lo mismo que conmigo,
te irás, tan lejos
de ti, como esté yo.   15

MUY TARDE

PIANDO a la luz, asciende el pájaro
por las doradas copas;
y su pío resuena
en la sombra de abajo,
como en un pozo hondo
de verdor y silencio.

Él se sume en su sueño alto,
atravesando luces májicas.
Mi corazón es sombra
del fondo resonante.

re siervo y retr.

Piando a la luz, el pájaro
(se entra) asciende, estremecido,
por las doradas copas;...

(Ap.

(Orijinal).
(Inédita).

(Penúltima)?

125   4 5

MUY TARDE

PIANDO a la luz, asciende el pájaro
   por las doradas copas;
y su pío resuena
en la sombra de abajo,
como en un pozo hondo   5
de verdor y silencio.

   Él se sume en su sueño alto,
atravesando luces májicas.
Mi corazón es sombra
del fondo resonante.   10

¡NO sóis vosotras, dulces ramas
de oro, las que os mecéis (estáis meciendo)
al viento último; es mi alma!   (Ap.

Fin
de las poesías
"La realidad invisible"

Fin
de las poesías.

completas de "Juníco:"

Fin
de "La realidad invisible".

Las que os abrís -¡cielo de enz. azul!- (Ap.
Las que os cerráis

(Ozijivales.
(Meditada).

y 126   y 4 6

¡NO sois vosotras, dulces ramas
de oro, las que os mecéis
al viento último; es mi alma!

FIN

DE LAS POESÍAS

DE

"LA REALIDAD INVISIBLE"

ÍNDICE

LA REALIDAD INVISIBLE

I

LA REALIDAD INVISIBLE : I

2

A LA VEJEZ AMADA

y 3

LA REALIDAD INVISIBLE : Y 2

FIN

DE "LA REALIDAD INVISIBLE"

APÉNDICES

...O parole née
d'un souffle et d'un rêve,
et qui t'élabores
de nos lèvres étonnées!

Moi, je t'écoute, un autre te voit,
d'autres te comprennent à peine...

Charles van Lerberghe.

APÉNDICES

... O parole née
d'un souffle et d'un rêve,
et qui t'élèves
de mes lèvres étonnées!

Moi, je t'écoute, un autre te voit,
d'autres te comprennent à peine ...

CHARLES VAN LERBERGHE.

127   I

NOCTURNO

¡NOCHE confusa, honda y verde!
  ¡Qué gran belleza celeste!
Parece
que está Dios dudando hacerse
presente.   5
Parece
que el cielo quiere romperse,
de una vez, ser, libremente,
como un corazón alegre,
lo que esconde desde siempre,   10
desnudarse hasta sus mieles
y darse entero, cien veces.
¡Parece

que las luces indelebles,
rotas en millones de [equis],   15
van a hacerse
una sola luz, por siempre!

128   2

¡QUÉ trabajo me cuesta,
        casa, arrancar de ti,
cortar estas raíces infinitas
que me aprisionan a tu tierra pura!

    Cuando estoy en ti, en paz,   5
¡qué libre me parezco,
qué leve me pareces!
¡Ay, mas si voy a irme,
qué prisionero yo y tú qué fuerte!

    ¡Oh jaula voluntaria,   10
nido sobre lo eterno,
faro de guías puras,
remanso solo, fuente recojida
de aguas de eternidad,
casa mía divina de mi alma!   15

129   3

¡NO es, balcón, desde ti, ni desde ti, mujer,
        ni desde vosotros, mar,   , jardín,
desde donde yo, májico, he de ver, un día, el día solo;
sino desde mi obra conseguida!

4

E N uno, cielo o mar, el mar y el cielo,
cual tú, corazón mío,
y el amor.
         Pero ¿se tienen ellos?,
di, ¿se sienten?   5

    El cielo ¡corazón! nada es del mar
aun cuando haga ola su llanto.
El mar ¡amor! nada es del cielo
aunque le ponga sueños, blancos
o negros como nubes.   10

    En uno, para ti, corazón mío,
mar y cielo.
En uno tú, mi amor, conmigo, para ellos,
cielo y mar.

5

M IRÉ al naciente. Nada —dije—
viendo el gris asfixiante,
cerrado, liso de la tarde.
Nada —dije—, final y hastío.
Y me puse a pasear meditabundo   5
por mi cuarto sonoro
como en una antesala de la muerte.

    De pronto
miré por las ventanas del ocaso.
¡El cielo estaba abierto, fresco y puro,   10

en verdes claros y en chorreantes oros,
en una prodijiosa claridad
—que nadie hubiese visto sin mirar—
de afán y vida!

132   **6**

LA MUERTE

¡AY, cómo miras,
    detrás de mí, callada, fija,
al cielo inmenso, muerte mía!
¡Qué fría, qué insensible
a mis emanaciones claras, puras,   5
fogosas!

    ¡Muerte, te siento dentro,
lo mismo que una estaca
que me clavaras en el suelo;
como su asta fatal una bandera   10
desplegada y ardiente!

133   **7**

MADRES, que nada habéis sabido
    de mí; de quienes nada supe yo;
madres de madres mías,
en quienes morí un poco,
con quienes soy, un poco, deudo, bajo tierra,   5
que nacisteis, un poco, en mí, de nuevo,
que estáis, un poco actuales en mis horas;

madres; ¡qué vidas y qué muertes estas nuestras
tan sin alas en brazos,
tan sin ojos en bocas,   10
de un secreto deshecho tan sin acierto,
tan sin verdad de amor ¡ay! de nosotros!

134   8

¡QUE viva muchos años todavía
    —y yo, para pagarle
todo, con moneda
de luz de oro!
            ... Para que la rosa   5
de sus horas de ocaso
= sol bello del poniente
contra luna angustiada del oriente =
mande una hoja con sol alegre y puro
= pajarito contento =   10
sobre cada minuto negro, triste, agrio,
de su mañana y de su tarde sombra,
de la flor de mi vida, ¡ay!—

    ¡Sí; que sea mayor su edad postrera
que su juventud toda, que su estío   15
y su otoño! ¡Invierno blanco, pero blanco
de paz, de luz, de amor, de fe,
de gloria humana; puente
de cristal puro,
de esta orilla suave   20
a la otra orilla, acojedora y bella
en jemela hermandad de paz y luz!

9

LEVEDAD

(Ciudades)

EL visillo,
en la quietud augusta y el silencio
de la tranquila madrugada,
se mueve, dulce, al aire vago ...

—¡Instante hermoso   5
que hermanas a los vivos con los muertos,
que los confundes = no se sabe
quién está muerto, ni quién vivo =
en una misma intensidad de aliento!
... Todo el mundo está muerto, o todo   10
vivo.—

Y el aire vago de la madrugada
mueve el visillo blanco
de mi ventana abierta ...
                    —Parece   15
este moverse del visillo
la vida universal, todo el aliento
de la tierra, la fuerza
que resta, sola,
del ímpetu del astro, su ruido   20
por su órbita celeste.—

Y se mueve
el visillo,
al aire vago de la madrugada,
blanco ...   25

—¡Plenitud de lo mínimo,
que llena el mundo, y fija
el pensamiento inmenso,
en su vaguedad = hoja
que cae, gota   30
que brilla,
olor que pasa ...!—

Y el visillo,
azul ya su blancura
—ha pasado la noche,   35
mirando yo su vaguedad movida—,
se mueve, dulce, aún, al aire vago.

136   I O

¡ESTOS instantes
en que no estamos donde estamos
sino donde estuvimos,
en que quisiéramos, mejor
que vivir nuevas horas,   5
revivir las pasadas!
¡Como primeras muertes,
con la nostaljia
de la resurrección!

137   11

EL PRESENTE

¡CÓMO me siguen
            en fila interminable
todos los yos que he sido!
¡Cómo se abre el ante mí
en infinita fila   5
para todos los yos que voy a ser!
¡Y qué poco, qué nada soy yo
este yo, de hoy
que casi es de ayer,
que va a ser todo de mañana!   10

138   12

¡QUÉ difícil entrar
            cada segundo, en esta ruedecilla
rápida, leve, que ardería en prisa,
la rueda grande, lenta, que yo ansío
en cuya vuelta cabe el universo!   5

139   13

LA intelijencia pone
            sobre el instinto
su capa blanca de cuidada nieve,
y piensa, fría,
que la oración es blanca.   5

¡No, el que suplica
—debajo, y otra cosa—
verde, rojo, arraigado, es el instinto!

140

I 4

¡POETAS dormidos, niños
dormidos, cenizas con rescoldo
dentro, rojos de chispas, como el centro
de una tierra!
¿No seremos los hombres 5
una enfermedad
de la tierra desnuda y viva
que ella se sacude
con terremotos, vientos, fuegos,
tormentas? 10

141

I 5

HORMIGUERO de horas,
cada una con su nota,
que al corazón dejáis vibrando
lo mismo que un piano,
¿cuál será de vosotras la que diga un día 5
—oh melodía íntima—
mejor, toda esta bella vida mía?

142   16

VOLANDO, me perdí. Y era tan bello
aquel paraje ignoto
que se quedó mi alma
pegada en su imán puro de oro y brisa.
Nada llegaba allí. La flor moría   5
en plena castidad. El agua no era
manchada en su nacer frío. Las hojas
se hacían amarillas sin más ojos
que los del cielo.
                          El sol   10
se iba cayendo. Una luz única
de un rosa inespresable contajiaba
mi alma perdida, en la rosada decadencia
de todo. Mi memoria
se me había perdido entre mis alas   15
y todos los caminos
salían sólo a mí.
                          ... Pero ¿ me veis?
Si yo, volando, me perdí ...

143   17

¡TU flor, cómo embalsama,
corazón mío, todo esto;
cómo, tierna y desnuda,
anda, intacta, entre todo,
dejando en todo su terneza!   5
¡El mar se para en ti y el rayo
no te hiere, no te ciega
la aurora ni la noche enlutece,

ni el sueño te disuade
de tu verdad de aquí, corazón mío!   10
¡Igual que un niño que no puede nada,
lo puedes siempre todo!

y 144   y 1 8

NO, se perderá. Lo que yo he dicho
  bien, está ya en la vida
para siempre.
Como la norma de una rosa
que ha llegado a sí misma,   5
para todas las rosas venideras...
Perdidas las palabras
al viento del olvido,
un día, de otra lira
florecerá la estrofa   10
idéntica a la mía deshojada...

FIN

DE LOS APÉNDICES

DE

"LA REALIDAD INVISIBLE"

La muerte

¡Ay, cómo miras,
detrás de mí, cabeza, fija,
al cielo inmenso, muerte mía!
¡qué insensible, qué fría,
a mis emanaciones claras, puras,
fogosas!

Muerte, lo sientes tanto,
lo mismo que una estaca (lanza
que me clavara en el suelo;
amor clavada fatal (ser una lo puro
resplegada y ardiente!
indecisa
anhelante

NOTAS

NOTAS A LA EDICIÓN

NOTAS A LAS HOJAS PRELIMINARES

pp. 6-7.   Para la ordenación de estos títulos, Juan Ramón apuntó cuatro posibilidades, según vemos en la reproducción facsímil. Allí se nos dice que el período de *creación* fue 1917-1919; 1920, el año de *depuración* de los poemas; y 1921, el de su *corrección*. La primera ordenación, la que en esta edición se reproduce; anota también, como variante al período de creación, los años 1917-1918 (es decir, acorta ese período en un año). Las últimas ordenaciones, precisamente las que especifican cuáles son los años de depuración y corrección, fueron finalmente descartadas por el poeta y aparecen por eso tachadas.

pp. 8-9.   Como variante a la dedicatoria, esta otra: *A Ramón Menéndez Pidal, futuro y pasado en el presente.* Las palabras que siguen al nombre del homenajeado, en las dos redacciones, han sido escritas con posterioridad y con trazo más débil, y van apostilladas con una interrogación (dubitativa). Don Ramón Menéndez Pidal conocía el proyecto (del libro y dedicatoria). En una carta suya de 26 de noviembre de 1919, conservada en Puerto Rico, escribe al poeta para agradecerle el envío de dos tomos de Tagore y le pregunta: "Y yo ¿cuándo me asomaré a *la realidad invisible* en pos de la guiadora poesía de V.?" (Puede verse facsímil en mi artículo "Ramón Menéndez Pidal-Juan Ramón Jiménez", *La Torre,* 70-71 (oct.-dic. 1970, enero-marzo 1971, p. 115). Y Juan Ramón le contesta, el 7 de diciembre: "'La realidad invisible' está en la imprenta, pero aguarda, para salir, un papel ¡que nunca llega! Sin embargo, creo que podré enviárselo pronto, con otro tomito: 'En la rama del verde limón', que es una selección de canciones, a través de mi obra poética; y con unas 'Poesías escojidas' que va a dar la casa 'Calpe', colección que difiere bastante de la que publiqué en la 'Sociedad hispánica'". (Estas "poesías escojidas" serán, al publicarse, la *Segunda Antolojía poética.* No parece, sin embargo, aunque está dentro de lo posible, que *La realidad invisible* llegara a enviarse realmente a la imprenta). La dedicatoria a R. M. P. aparece también en las portadillas manuscritas, hoy en Puerto Rico, sin fechas, de un proyectado volumen, que iba a comprender *Eternidades, Piedra y cielo, La realidad invisible* (1916-1919). La dedicatoria de la sección correspondiente a *La realidad invisible* dice: *A Ramón Menéndez Pidal, presente y futuro {del} en el pasado.* En cambio, en otras portadillas manuscritas de *La realidad invisible,* también sin fechas pero no anteriores a 1922 y que parecen de la época de *Poesía y Belleza* [contienen, como estos libros, la declaración *Juan Ramón Jiménez, y Zenobia Camprubí de Jiménez, Editores de su propia y sóla obra, Madrid*] la dedicatoria es distinta; dice: *A la más apartada pura minoría;* y como posible, y orgullosa variante: *A mí mismo y a la más apartada pura minoría.* (En realidad, esto último es lo que escribió primero, y, más tarde, después de pensarlo, encerró entre paréntesis las palabras eliminadas dejándolas como variante). También las fechas de creación y revisión consignadas en estas portadas son distintas: *La Realidad invisible fue escrita {creada} entre 1917 y 1920, y meditada y depurada entre 1920 y 1922.* (Una variante se limita a decir *Este libro …*) Finalmente, en uno de sus proyectos posteriores de ordenación y publicación de la obra total, decide pasar a otro libro la dedicatoria a R. M. P. porque piensa entonces dar los libros de poesía sin dedicatorias. Un apunte de Juan Ramón en un papelito que encontré entre sus cosas de Puerto Rico dice literalmente: "*La realidad invisible.* La dedicatoria a R. M. P. pasarla a un libro de *Act. y fut,* o de *Est. y Et. est.* Los libros de verso, sin dedicatorias, todos". Las dedicatorias en el texto de nuestra edición (véase facsímil) llevan el apuntamiento *Ap.,* que significa que el poeta ha decidido conservarlas y publicarlas ulteriormente en unos proyectados *Apéndices* (ver después *aclaraciones sobre las variantes*).

NOTAS A LAS POESÍAS

Tres clases de notas acompañan a las poesías en esta edición: las primeras, precedidas de un asterisco [*] indican si el poema ha sido ya publicado —y en ese caso, en qué revista y (o) libro o libros—, o es inédito; si publicado, se recogen las variantes y diferencias significativas entre la versión base, la de esta edición, y las anteriores; las segundas notas [**] interpretan y explican las observaciones, notas, marcas, etc., hechas por el autor sobre el texto base, todas ellas apreciables en el facsímil; finalmente, las terceras [***] consisten esencialmente en una lectura interpretativa del poema.

Las abreviaturas usadas en la primera sección de notas [*] se refieren a los siguientes libros:

B . *Belleza (En verso) (1917-1923)*. Juan Ramón Jiménez y Zenobia Camprubí de Jiménez, editores de su propia y sola obra. Madrid: Talleres Poligráficos, 25 septiembre 1923, 128 págs.

C . *Canción*. Madrid: Editorial Signo, Imprenta S. Aguirre, 1936, 434 págs.

N . *Verso y prosa para niños*. [Con un prólogo del poeta, y siete dibujos y un mensaje de los niños de Puerto Rico. Puerto Rico, 1936]. La Habana: Cultural, 1937, 375 págs.

P . *Poesía (En verso) (1917-1923)*. Juan Ramón Jiménez y Zenobia. Camprubí de Jiménez, editores de su propia y sola obra. Madrid: Talleres Poligráficos, 18 agosto 1923, 125 págs.

Pv . *Poesía en prosa y verso (1902-1932) de Juan Ramón Jiménez*. Escogida para los niños por Zenobia Camprubí Aymar, Madrid: Editorial Signo, Imprenta S. Aguirre, 31 julio 1933, 134 págs. (Otra edición igual, de la misma Editorial, fue impresa en Talleres Gráficos Herrera, y lleva fecha 24 diciembre 1932).

T . *Tercera Antolojía poética (1898-1953)*. Texto al cuidado de Eugenio Florit. Madrid: Editorial Biblioteca Nueva, 1957, 1117 págs.

Varias palabras de puño y letra de J. R. aparecen con frecuencia en sus textos (y en los facsímiles de esta edición) y van reproducidas en las notas de la sección segunda [**]:

Orijinal: significa que la copia en cuestión se ha convertido en el *original*, o primera copia del poema; cualquier otra copia será, por tanto, *copia de* ese original. Los textos anteriores, manuscritos o pasados a máquina, o han sido destruidos (lo más frecuente) o pasan a tener simplemente el valor de un borrador.

Meditada: significa que el texto, en ese estado final de elaboración, ha sido sometido a una última *meditación* por el poeta.

Depurada: aparece esta indicación sólo en los primeros poemas del libro, coincidiendo con el hecho de que sean ellos precisamente los únicos que tienen la numeración (1 y 2) claramente decidida (la ordenación del 3.º es ya dudosa, y así el número 3 lleva una interrogación). Esto hace pensar que J. R. comenzó la ordenación de los poemas, y, coincidiendo con ella se propuso someter los textos a una *depuración,* o meditación, adicional. Al interrumpir el intento de ordenación, interrumpió también la *depuración.* Las indicaciones de *orijinal* y *meditada* suelen desaparecer en textos ya mecanografiados, en los que el poeta ha hecho correcciones y observaciones de su puño y letra. Pero hay textos también mecanografiados y con correcciones donde sólo aparece la palabra *meditada,* e, incluso, varios en donde ni una ni otra palabra aparecen. En estos casos, no debemos pensar que los textos estén menos acabados y depurados. En cuanto a los manuscritos, la variedad es mayor; en los facsímiles puede comprobarse que hay textos manuscritos que parecen haber sido mucho más corregidos y depurados que otros.

Aclaraciones sobre las variantes: Cuando en un poema encontramos dos o más posibilidades para una misma palabra, verso o fragmento, las variantes se distinguen del texto elegido por ir acotadas con uno o dos signos de paréntesis: [(] o [( )]. Pero, a veces, la variante no se encierra en paréntesis; va simplemente al lado del texto. Mientras la variante no ha sido tachada, no se puede decir —dentro de los hábitos de trabajo de J. R.— que esté enteramente descartada. La anotación *Ap.* junto a una variante indica que J. R. desea preservarla para unos proyectados *Apéndices* en donde pensaba salvar las mejores variantes de sus textos (aquellas que no se resignaba a condenar enteramente al olvido).

1 . *¿De dónde es una hoja*

*   Se publicó por primera vez en "La realidad invisible (1917-1919) (Libro inédito)". *España,* núm. 287 (30 de octubre de 1920), p. 9. Fue recogido en *P,* núm. 96; *Pv,* p. 123; *N,* p. 302; *T,* núm. 493.

En *Pv* los guiones han sido sustituidos por paréntesis y los versos aparecen ordenados en pareados, dejando un espacio cada dos versos. *N* repite la redacción de *Pv.*

**   4 corazón que ama?— / corazón que anhela?— / 5 una corriente [Ap.].

El número 1, escrito con tinta, indica que se le ha escogido como poema inicial del libro. Sobre las palabras *frente-corriente* y *ama-canta* hay unas marcas, sin duda para destacar la rima y meditarla; ello indica que las dos variantes (*ama, corriente*) han sido apuntadas para jugar con la posibilidad de introducir dos rimas en el poema. Orijinal. Meditada. Y depurada.

*** Criaturas o existencias ésas maravillosas —una hoja traspasada de sol, una fuente que piensa, un corazón que ansía, un raudal que canta—, ¿de dónde son?, ¿en qué mundo, a qué patria —común— adscribirlas?

2 . *Hablaba de otro modo que nosotros todos,*

* Publicado por primera vez en *Hermes* (Bilbao), LVI (febrero de 1920), pp. 79-80. Recogido en *P*, núm. 9; *T*, núm. 455.
3 dijera. Lo *P T* / 16 cuerpo! su *Hermes*. En la versión de *Hermes* (¿por error?) no hay separación de estrofas.
** 3 dijera. Lo / 10 cantado! / 13 ideado! [Ap.].
A la izquierda, a pie de página, la anotación (Hermes, 2) indica que se ha seleccionado este poema para publicarlo en la revista *Hermes*, de Bilbao. Las palabras *modo, todos* y *todo,* que aparecen varias veces en el poema, han sido siempre marcadas con una señal (versos 1, 3, 6, 7, 11, 13; no se ha señalado, sin duda por olvido, la palabra *modo* en el verso 12). Esta práctica es usual en J. R. al meditar sus originales. Cuando la repetición le parece un defecto, cambia palabras. El número 2 escrito con tinta sobre el poema muestra que se le ha escogido como poema núm. 2 del libro.
Orijinal. Meditada. Y depurada.
*** Con un lenguaje que recuerda el comienzo del Evangelio según San Juan, habla aquí el poeta de una criatura excepcional (alma, sentidos, palabra penetrantes) que vivió entre nosotros y supo ver lo que nadie había visto, y contarlo. A todo acudió ella (era rica y total, aurora, cenit y ocaso), solicitada por la inmensa y rica realidad circundante. Porque vio lo invisible tras lo visible, lo que ella vio y contó era de aquí pero distinto, nuevo y sorprendente. Esa criatura —adivinamos— *fue* el propio poeta. (El poeta habla de sí en el poema como *habiendo sido*). Estaba (está) cerca y lejos de él porque eran (son) su cuerpo y su alma constituidos en paradigma, en fábula, *endiosados*; su cuerpo y su alma, podríamos decir también, en los momentos de su plenitud de sentimiento, vivencia y conocimiento; un yo que era (es) él (el poeta), pero que no estaba (está) siempre en él.

3 . *¡Cómo la luz del día*
* *Inédita.*
** 1 luz de arriba [Ap.] / luz egregia [Ap.] / luz escelsa [Ap.] / 7 la alegría / 8 como su hija / 9 [un paréntesis vacío y

a su lado una interrogación indica que se contempla la posible adición de un cuarto adjetivo en ese verso] / 10 [la palabra *cante* ha sustituido a *llanto,* que aparece tachado].

A la cabeza del poema, un número 3, entre paréntesis y acompañado de una interrogación, es indicio de que se ha considerado la posibilidad de incluirlo como número 3.º (¿de la parte primera del libro?).

Orijinal. Meditada.

*** Alegría y emoción ante la luz del día. Esa alegría emocionada, personal es la que la aurora se lleva consigo al infinito.

4 . *Arriba, canta el pájaro,*

* B, núm. 54; *Pv,* p. 117; *Unidad* (cuaderno 3.º, Madrid, 1925, León Sánchez Cuesta, librero. Imprenta Silverio Aguirre); *C,* número 324; *N,* p. 275; *T,* núm. 536. *Título.* Canción *B T* / Álamo blanco. *Unidad Pv C N.*

Subtítulo. (Álamo blanco) *B T* / No tiene *Unidad Pv C N.*

Las versiones que recogen las obras citadas son cuatro y las cuatro presentan variantes con respecto al manuscrito:

Arriba canta el pájaro,
y abajo canta el agua.
—Arriba y abajo,
se me abre el alma.—

Mece a la estrella el pájaro,
a la flor mece el agua.
—Arriba y abajo,
me tiembla el alma.—
(B T)

Arriba canta el pájaro,
y abajo, canta el agua.
—Arriba y abajo,
se me abre el alma.—

¡Entre dos melodías,
la columna de plata!
Hojas, pájaro, estrella;
ramilla, raíces, agua.
¡Entre dos conmociones,
la columna de plata!
—¡Y tú, tronco ideal,
entre mi alma y mi alma!—

Mece a la estrella el trino,
la onda a la baja rama.
—Arriba y abajo,
me tiembla el alma.—
(Unidad)

Arriba canta el pájaro	Arriba canta el pájaro
y abajo canta el agua.	y abajo canta el agua.
(Arriba y abajo,	(Arriba y abajo,
se me abre el alma.)	se me abre el alma).
¡Entre dos melodías,	¡Entre dos melodías,
la columna de plata!	la columna de plata!
Hojas, pájaro, estrella;	Hoja, pájaro, estrella;
ramilla, raíces, agua.	baja flor, raíz, agua.
¡Entre dos conmociones,	¡Entre dos conmociones,
la columna de plata!	la columna de plata!
(¡Y tú, tronco ideal,	(¡Y tú, tronco ideal,
entre mi alma y mi alma!)	entre mi alma y mi alma!)
Mece a la estrella el trino,	Mece a la estrella el trino,
la onda a la baja rama.	la onda a la flor baja.
(Arriba y abajo,	(Abajo y arriba,
me tiembla el alma.)	me tiembla el alma).
(Pv)	(C N)

** *Título.* Álamo verde / *Subtítulo.* (Al crepúsculo) [Ap.] / 6 a la flor.
Orijinal. Meditada.
*** Poema nacido, casi seguro, estando el poeta tendido junto al agua y bajo un álamo (nótese el título). Alma distendida entre el canto (encanto) del pájaro (en el árbol) y el agua; el cielo y la tierra (la realidad infinita). Arrullado por el doble e infinito canto, imagina el poeta que el canto del pájaro arrulla a las estrellas, y el canto del agua a las hojas del árbol; mientras el alma del poeta tiembla, abierta al infinito, doble, encanto.

5 . *Vamos, callados, por el parque frío,*
* Recogido en *B*, núm. 22; *T*, núm. 519.
6 —¡ en dónde *B T* / 7 de un rajón *B T.*
** 8 le da / 8 ardiente confusión [Ap.] / 9 la fantástica compañía de su sombra.
Al pie de la página, y destinados a los *apéndices*, se han añadido tres versos, que se intercalarían entre los versos 8-9. Dicen así: "... confusión, / qué parque amante / de primavera de elejía, / de cuadro viejo!— [Ap.]".
Orijinal. Meditada.

*** El poeta va por un parque, en un día frío y nublado de invierno. De pronto surge el sol, un sol débil y difuso, en el momento mismo del ocaso, y con él, y a su extraña luz, surge espectralmente la sombra (realidad invisible, doble universal de todas las cosas).

6 . *¡Nube blanca,*

* Publicado por primera vez en "La realidad invisible (1917-1919) (Libro inédito)". *La Pluma,* año II, núm. 11, Madrid, abril de 1921, pp. 208-213. Recogido en *P,* núm. 99; *C,* núm. 383; *Vc,* p. LV; *T,* núm. 496.

Título. La caída *C Vc* / 1 Nube *C Vc* / 2 rota (¿de quién?) *C Vc* / 3 llegar (¿adónde?) *C Vc*; —¿a dónde?— *T.*

** Orijinal. Meditada.

*** Un jirón de nube ha sugerido al poeta esta metáfora imaginativa, que tiene el trazo y la luz de un capricho paisajístico: un jirón de nube blanca, como el ala rota de un pájaro blanco, parece el símbolo de un anhelo fallido. Ahí queda el ala derrotada, flotando en el cielo, testimonio patético de un vuelo anónimo (¿quién y adónde?) frustrado.

7 . *Se va la noche, negro toro*

* Fue publicado primero en "La realidad invisible (1917-1919) (Libro inédito)". *España,* núm. 287 (30 de octubre de 1920). Recogido en *P,* núm. 2; *Pv,* p. 119; *T,* núm. 450.

2 (plena *Pv* / misterio) *Pv* / *En T, por error, el verso termina en punto y coma* / 7 (niño *Pv* / 13 huía). *Pv.*

** 2 carne de miedo / 10 ha jugado, como entre bastidores [Ap.] / 12 de sol y luna, [Ap.] / de sol y estrella, [Ap.] / de sol y estrellas, [Ap.] / 13 con el toro nocturno [Ap.].

Orijinal. Meditada.

*** Hermoso poema —juego— al milagro, al alivio, al gozo y a la luz del nuevo día, tras una noche de insomnio (negrura y desvalimiento).

8 . *Un día vendrá un hombre*

* Publicado por primera vez en *Hermes* (Bilbao), LVI (febrero de 1920), p. 79. Recogido en *P,* núm. 115; *T,* núm. 502.

4 clara! *Hermes P* / 5 ¡un hombre *Hermes* / Un hombre *P* / 7 a ti, *Hermes.*

** *Título.* Tristeza.

DE "LA REALIDAD INVISIBLE" [1]

I

UN día, vendrá un hombre
que, echado sobre ti, te intente desnudar
de tu luto de ignota,
¡palabra mía, hoy tan desnuda, tan clara!
¡un hombre que te crea
sombra hecha agua de murmullo raro,
a ti, voz mía, agua
de luz sencilla!

II

HABLABA de otro modo que nosotros todos,
de otras cosas de aquí, mas nunca dichas
antes que las dijera ella. Lo era todo :
Naturaleza, amor y libro.
Como la aurora, siempre,
comenzaba de un modo no previsto,

---

[1] De un libro inédito.

LA REALIDAD INVISIBLE

(1917-1919)

(LIBRO INEDITO)

fuerza en reconciliar la Iglesia con la Demo-
cracia y con la República y en el orden eco-
nómico defiende la abolición del salariado y
patronato. Es la obra actual de don Sturzo.
Pero don Sturzo ha tenido que romper con
las autoridades eclesiásticas reclamando su in-
dependencia; el *Sillón* lo disolvió el Papa y los
Jeunes abbés fueron condenados por Roma.
El protestantismo ha sentido más hondamente, más cordialmente que el catolicismo,
las reivindicaciones proletarias y los ideales
de justicia social. Tiene en sus filas a un
Carlos Kingsley que en sus famosos sermo-
nes de Londres ha dicho que «todo sistema
social que favorece la acumulación del capital en un pequeño número de manos, que
despoje a las masas del suelo que sus ante-
pasados han cultivado y los conduce a la
condición de jornaleros y siervos, viviendo
de salarios y limosnas... es contrario al Reino
de Dios que Jesús ha proclamado». Tiene en
sus organizaciones las *Christian Socialist* que
escribían en sus estatutos las palabras siguientes: «nuestro objeto es hacer penetrar
en las iglesias el mensaje social de Jesús y
mostrar que el socialismo es necesariamen-
te la expresión económica de la vida cristia-
na; el ideal del socialismo es idéntico al de
la Iglesia, y el evangelio de la República
Cooperativa no es otro que el evangelio del
Reino de Dios expresado en términos de
Economía». Tiene también sus jóvenes pas-
tores, que, no sólo no son perseguidos y
anatematizados como lo fueron los jóvenes
abates, sino que constituyen en todo momento la vanguardia alentadora y alentada... ¿No
quiere decir ello que esos sacerdotes de sen-
timientos, socialistas y aconfesionales, están
solos, uno aquí y otro allí, dentro de la
Iglesia católica, y que si en el cristianismo
quieren hallar hermano el ideal habrá de ser
bajo naves distintas a la de las catedrales gó-
ticas, y en suelo distinto a este suelo de España donde la alta autoridad eclesiástica
siente más los derechos de la autoridad que
los deberes de la religión?

La Iglesia no debe ser un gendarme de
sotana en defensa del capital, decía el con-
de de Mum. Con él lo han dicho en distintas épocas algunas voces aisladas y ge-
nerosas. Pero lo evidente es que lo ha
sido siempre. Lo ha sido hasta hoy. Y si el
ejemplo de la Iglesia en España no nos en-
señara que sigue siéndolo, nos lo advertiría
con elocuencia irrebatible este Congreso
cristiano-social que se ha celebrado en Suiza
y en el que se han declarado de derecho divino la propiedad, el patrono y el Estado...
Sí, Pedro estuvo y sigue negando a Cristo.
Pedro, que es el cuerpo tangible de la Iglesia, continúa estando contra Cristo; contra
Cristo, que es el espíritu que aún no ha en-
carnado.

1
PATRIA

¿DE dónde es una hoja
     trasparente de sol?
—¿De dónde es una frente
que piensa, un corazón que ansía?
—¿De dónde es un raudal
que canta?

2
DESVELO

SE va la noche, negro toro
     —plena carne de luto, de espanto y de mis-
                                    [terio,—
que ha bramado terrible, inmensamente,
al temor sudoroso de todos los caídos;
y el día viene, niño fresco,
pidiendo confianza, amor y risa
—niño que, allá muy lejos,
en los arcanos donde
se encuentran los comienzos con los fines,
ha jugado un momento,
por no sé que pradera
de luz y sombra,
con el toro que huía.—

3

NO, si no caben mis horas
     ideales en las horas
de mi día material!

¡Si no es posible que corte
la rosa de fuego, hasta
dejarla justa en los límites
que le da el reló implacable!

¡Si mi vida entera es
sólo una hora, y tan solo
podría la eternidad
ser mi mañana o mi tarde!

4
MADRE

TODO acabado, todo,
     el mirar, la sonrisa;
todo, hasta lo más leve
de lo más grande!

¡No, yo sé, madre mía,
que tú, nada inmortal, un día eterno,
seguirás sonriéndome, mirándome
a mí, nada infinita!

5
FUERA

¡AY, el aire yerto,
     campana en el frío,
ojos en la escarcha!

En lo dentro, antes,
la casa era cuerpo,
y el cuerpo era alma.

¡Ay, la blanca tierra,
el silencio, el humo
que al hogar levanta!

Ahora, caminando,
es el alma cuerpo,
la casa es el alma.

6

ESTA es mi vida, la de arriba,
     la de la pura brisa,
la del pájaro último,
la de las cimas de oro de lo oscuro!

¡Esta es mi libertad, oler la rosa,
cortar el agua fría con mi mano loca,
desnudar la arboleda,
cojerle al sol su luz eterna!

7

¿NADA todo? Pues ¿y este gusto entero
     de entrar bajo la tierra, terminado
igual que un libro bello?
¿Y esta delicia plena
de haberse desprendido de la vida,
como un fruto perfecto, de su rama?
¿Y esta alegría sola
de haber dejado en lo invisible
la realidad completa del anhelo,
como un río que pasa hacia la mar,
su perene escultura?

8
CASTIGO

REMORDIMIENTO, no
     te pongo música; no quiero
lucrar mi gloria con tu esencia triste!

¡Que sea tu dolor para mí sólo;
que me destroce, día
tras día, canto sin cantar, el alma!

y 9
MUY TARDE

PIANDO a la luz, asciende el pájaro
     por las doradas copas;
y su pío resuena
en la sombra de abajo,
como en un pozo hondo
de verdor y silencio.

Él se sume en su sueño alto,
atravesando luces májicas.
Mi corazón es sombra
del fondo resonante.

JUAN RAMÓN JIMÉNEZ

Sendas marcas sobre las palabras *desnudar, desnuda* (vv. 2, 4), para señalar lo común en ellas.

Orijinal. Meditada.

*** Tristeza del poeta ante la posibilidad de una futura crítica torpe, pedante y ciega, incapaz de sentir la sencillez y claridad de su palabra poética.

9 . *¿Nada todo? Pues ¿y este gusto entero*

* Publicada primeramente en "La realidad invisible (1917-1919) (Libro inédito)". *España*, núm. 287 (30 de octubre de 1920), p. 9. Recogida en *P*, núm. 32; *T*, núm. 464.

7 sóla *P T*.

** 1 gusto pleno / 4 delicia sola / 7 alegría eterna / 8 haber quedado / 9 realidad infinita / 10 cual de un / 11 la perene [Ap.] [La anotación *Ap.* parece extenderse a todas las variantes señaladas en los versos 8, 9, 10, 11].

Orijinal. Meditada.

*** ¿Nada, todo? No se niega categóricamente la ecuación (a la pregunta se responde preguntando), pero se le pone reparos. Bajo el tono de exaltación (gusto entero, delicia plena, alegría sola), el poema tiene mucho de razonamiento dirigido a neutralizar el poder destructor de la muerte. Dos son los argumentos que se esgrimen (y, reduciendo el tono a sus debidas proporciones, creemos ver sinceridad en la argumentación): un sentido de cumplimiento, de compleción que nadie nos puede quitar (como de 'obra hecha'); la seguridad de que —lo mismo que los ríos al dar en la mar dejan atrás, permanentemente, su huella, ya imborrable— también el hombre deja atrás, como una realidad invisible, la huella imborrable de su anhelar en vida.

10 . *Canción, tú eres vida mía,*

* Publicado primero en *La Pluma* (Madrid), año II, núm. 11 (abril de 1921), p. 211. Recogido en *P*, núm. 51; *Pv*, p. 123; *C*, núm. 389; *N*, p. 272; *Vc*, p. LVIII.

Título. Canción intelectual *Pv* / Canción *C N Vc* / 1 Canción, tú *P Pv N Vc* / 2 y vivirás, vivirás; *La Pluma P Pv N Vc*.

** 2 y vivirás, vivirás; / 4 beberán eternidad.

Orijinal. Meditada.

*** Otra forma de supervivencia, de eternidad: en la Obra. Los dos últimos versos —muy hermosos— nos recuerdan, otra vez, el

Evangelio de San Juan, y las promesas de eternidad que encierra: "Yo soy el pan vivo bajado del cielo; si alguno come de este pan, vivirá para siempre" (Jn 6, 51-52).

11 . *Un cielo,*

* Publicado por primera vez en "Disciplina y Oasis (Anticipaciones a mi Obra) Unidad (1918-1920) (Libro inédito)". *Indice* (Madrid), IV (abril de 1922), p. 20. Recogido en *P,* núm. 84.
1 ¡Un cielo, un cielo, *Indice, P.*
** 1 ¡Un cielo, un cielo / 6 belleza plena,.
Orijinal. Meditada.
*** El existir que anhela y pide el poema es un existir en plenitud, detenido en el tiempo, con la plenitud que tiene el cielo en el momento absoluto del mediodía. El cielo, cuando el sol alcanza el cenit, parece uno y eterno, absorto en su propio sentirse existiendo. Así pide existir el poeta, con todas las inquietudes (potencias afectivas las llamaban los místicos) dirigidas y entregadas a ese éxtasis de plenitud, olvidado de todo lo que no sea el puro existir aquí y ahora, adverbios que por otra parte dejan de tener sentido.

12 . *¡Noche; lago tranquilo,*

* *España,* 393 (1923), p. 4; *B,* núm. 90; *T,* núm. 550.
11 Noche; divino *España. B T.*
** 4 mi día / 5 donde mi corazón / 9 ¡Eterna amiga, sin los celos, sin la envidia / 10 de esos del día, noche!— / 12 donde el cuerpo se ve hecho alma; igual,.
Se han marcado las siguientes palabras afines (indico los versos): miente (2), mentira (15); eternidad (3), eterna (variante, 9), eterna (13); copiando (3), copiado (6), copia (6).
Orijinal. Meditada.
*** Un poema a la noche. Noche —dice el poema—, amiga que borras todas las pequeñeces y limitaciones del día, eres nuestra redentora. Siempre fiel a tu mentira de belleza y justicia, nos haces creernos eternos.

13 . *¡Amor; roca en el agua,*

* Publicado en "Diario vital y estético de 'Belleza' (1917-1923)". *España* (Madrid), año IX, núm. 396 (17 de noviembre de 1923), p. 7. Y en *B,* núm. 49.
Título. Poniente *España.*

** 3 pie falso / Al pie de la página hay varias variantes para los *apéndices,* que modificarían el poema así:

¡Amor; roca en el agua,
con tu cimiento —tu verdad— en ti,
con tu ilusión —tu frente— en el espejo!

A su vez, el verso tercero de esta versión aparece variado en dos posibles formas, también para los apéndices: *con tu frente en tu espejo / con tu copia en tu espejo.*
Orijinal. Meditada.

*** El amor es como una roca en el agua, de la cual no vemos el pie (lo que hay al fondo, abajo), sino sólo la frente (lo de arriba). Una ilusión nos presenta esa misma frente también como pie bello, así como la cúspide de la roca reflejada en el agua parece también su propio pie.

14 . *¡Cosas que me has de alumbrar*
* Publicado primeramente en el número arriba citado de *La Pluma,* año II, núm. 11 (abril de 1921), p. 209. Hacía el número 4 de la serie de cuatro poemas intitulada *Nostaljia.* Recogido en *P,* núm. 31; *C,* núm. 263; *Vc,* p. XXXVII.
Título. En ti *C Vc* / 2 (vistas siempre, sin ser vistas); *C Vc.*
** *Título.* La obra / 3 tengo de ver / 4 sol de.
Orijinal. Meditada.
*** Tantas cosas que aún tengo que penetrar, tanta realidad invisible (desconocida e ignorada) de que aún tengo que tomar conciencia en mi poesía. Esa será mi obra. El poeta se lo dice a la luz de cada día.

15 . *¡Abrazo largo que la tarde*
* *Inédita.*
** 6 para la primavera y para mí!—.
Al pie del texto, la indicación *H. de la a.* muestra que Juan Ramón contempló en algún momento la posibilidad de incorporarlo a *Hijo de la alegría* (1918-1920), otro de los libros representados en *Poesía y Belleza.*
*** Un sentimiento de regusto (entre monacal y gatuno) en la casa sola, cercada de cielo y nubes, con luz nueva, de tarde de anteprimavera. Los cielos que se ven tras los cristales son inesperados por sorprendentes, por la luz nueva y sorprendente de esa tarde preprimaveral.

16 . ¡*Este afán de soñar*

*   *Inédita.*

**   En la cabecera del libro, los nombres de *La realidad invisible*
y *Unidad* indican que Juan Ramón destinaba el poema a uno de
estos dos libros. *Unidad* (*1918-1920*) es, como sabemos, uno de los
libros representados en *Poesía y Belleza.*

***   Nostalgia de *lo presente* ("lo que ahora tengo") vista desde
el futuro, en un sueño recurrente en el que se sueña no tenerlo ya
("menos ahora"). El poema se comprende mejor puesto en relación con los poemas 64 y 101 de *Poesía.*

17 . *Tranquilo.*

*   *Inédita.*

***   La realidad invisible interior, del corazón humano, acuciado,
intranquilo, bajo una realidad externa calma.

18 . *Allá en el fondo*

*   *Inédita.*

**   16 ladrido de amigo.
Una marquita señala la repetición de la palabra *divina* en los versos
16 y 18. (No se ha señalado, supongo que por inadvertencia, el uso
de esa misma palabra en el verso 4). (Es posible que en una meditación y depuración posteriores, la palabra —que resulta trivial
en los tres casos— hubiera desaparecido).

***   Los temas que toca aquí los ha tocado Juan Ramón en otros
poemas: el sol del crepúsculo llenando la estancia y jugando con
sus cosas, con sus libros; y el vacío, y la tristeza, que deja el sol en
el alma del poeta al desaparecer. Pero en este poema, el tema está
ligado a la infancia y a Moguer: el sol los ha traído —valle, cielo,
infancia, amor— con su luz, y se los vuelve a llevar al ponerse.

19 . ¡*Llanto en la noche inmensa y negra;*

*   *Inédita.*

**   El título de esa poesía fue, primero, *Pesadilla* o *Sueño* (como
alternativa), y finalmente, el actual, *Pena.*

***   Con poemas de Juan Ramón como éste, poemas de insomnio
que atienden a los ruidos de la noche, noches habitadas por una
humanidad —hombres, mujeres y niños— en sufrimiento, se podría

formar una pequeña antología. Es dudoso, en el llanto que recoge este poema, si el llanto es ajeno o propio, o ambas cosas: ajeno con eco propio.

20 . *En ese instante,*
    *   *Inédita.*
    **   2 existen [las] carnes / 5 no termina / 15 las carnes:
Afán (palabra clave en J. R. para describir el amor) está repetido en los versos 6 y 12, y la repetición aparece señalada. Al pie de la página se lee *La mujer desnudada.* Ello indica que J. R. contempló en algún momento la posibilidad de incluir el poema en el libro *La mujer desnuda,* libro que no llegó a publicar y cuyo manuscrito se conserva en Puerto Rico. Juan Ramón dio el nombre de *La mujer desnudada,* a veces, a una parte de ese libro.
    ***   Extasis erótico descrito en términos místicos; se llega a él por la carne, pero, llegados a él, las almas dejan los cuerpos, abandonados, en un afán de mutua penetración, y, sobre todo, de eternidad y absoluto.

21 . *Tengo en mí*
    *   *Inédita.*
    **   5 amando. / 12 y único,.
Se ve, por el encabezamiento, que Juan Ramón dudó si incluir este poema en *La realidad invisible* o en *Renacimiento,* y que, en algún momento, según indica la palabra *sí,* la decisión era a favor de *Renacimiento.*
    ***   El poeta se siente capaz —y de ahí su alegría— de penetrar y absorber la inmensa realidad visible e invisible mediante *su comprensión.* En el poema, la palabra comprensión adquiere un doble matiz: es una especie de *eros* cognoscitivo (poseedor) y tiene también el matiz, más ético que lógico, de actitud *comprensiva* hacia las cosas.

22 . *No morirá tu voz, tu voz, tu voz, tu voz,*
    *   *Inédita.*
    **   El poema iba a incluirse primero en *Piedra y Cielo.* Después, pasó a *La realidad invisible.* El verso 8.º (*por la bóveda inmensa de mi alma*) se ha incorporado al poema con posterioridad; primero, su lugar iba a ser detrás del verso 6.º; después se rectificó y fue intercalado en el lugar que aquí ocupa.

*** Como tantas otras veces, Juan Ramón busca deliberadamente la ambigüedad. ¿Es esta voz ajena o la propia? ¿Será la voz de la madre salvada de la mortalidad por el poeta, en cuyo caso el poema debería ir incluido en la sección "A la vejez amada"? A pesar del verso tercero, "ceniza tú ..." (una expresión no característica de Juan Ramón para aplicársela a sí mismo), el tono general del poema hace pensar más bien que la voz que no morirá es la del poeta, su palabra, su poesía; y los versos 6 y 8 lo que hacen es equiparar alma del poeta y noche (o infinito).

23 . *Yo, centro de mi mundo inmenso,*
* *Inédita.*
** La palabra *inmenso* se repite tres veces, y en dos de los casos (versos 1 y 4) ha señalado Juan Ramón la repetición con una pequeña marquita. Esto, y la inversión de las palabras (*mundo inmenso* por *inmenso mundo*) en el segundo verso, indica que el texto manuscrito ha servido ya de base a cierta meditación y depuración.
*** El amor, como un inmenso penetrarse de dos inmensos universos (con tantas cosas dobles y distintas) hasta hacerse ambos *uno,* en medio.

24 . *¡Qué bello el dentro y el fuera*
* *Inédita.*
** 6 pared impertérrita / 8 luna fría!
Al pie de la página, se señala la posibilidad de incluir esta poesía en otro libro: *Hijo de la alegría.*
*** Este nocturno canta el amor (el amoroso afán, desnudado amor) en la intimidad de la noche. La casa, cuyos muros velan ese amor, es sentida esta noche de luna como un cuerpo, de quien son alma los cuerpos entregados al amor (sentidos ellos como *alma* por la intensidad del sentimiento que, como una rosa de fuego, los hace arder). Es ese el trueque de cuerpo y alma de que habla el poema. La exclamación "¿no da lo mismo?" tiene un sentido claro en un poeta que acuñó la palabra "cuerpialma" (*Animal de fondo*) y sirve para afirmar la unión y fusión de cuerpo y alma ante la totalidad y plenitud del amor.

25 . *Vinimos ¡ay! a nuestros dos más cercas,*
* *Inédita.*
*** El poema tiene analogías con el poema 23. Al igual que éste, señala el mundo individual que envuelve a cada amante, mundo que

deben traspasar para la unión y al cual retornan (cielo, purgatorio o infierno individuales) tan pronto como cesa o se interrumpe la unión.

26 . *¡Te odio a ti en él,*
   *   *Inédita.*
   ***   Literalmente entendido, es un poema de celos; está escrito como una profesión de odio a aquella parte de la amada (¿mujer?, ¿la propia alma?) que no es suya, sino de otro. (¿Será ese *otro* también el poeta, lo menos bueno de sí, como en otro conocido poema?). El sentimiento ha surgido *en sueños.*

27 . *Mujer, ¡qué pronto*
   *   *B,* núm. 60.
   3 delante con.
   **   6 eres tú el fin de / eres el límite de.
Aparece señalada la repetición de la palabra *fin* en vv. 2 y 6 (variante). A pie de página, la indicación *o "La mujer desnudada"* sugiere la posible inclusión del poema en ese libro o sección de libro (a veces empleó Juan Ramón este nombre en vez del más usado por él, *La mujer desnuda*).
Orijinal. Meditada.
   ***   La mujer es capaz de absorber la atención del poeta, levantando un cerco de ilusión en torno suyo... Pero esto dura poco. En seguida, las inquietudes y afanes del poeta reaparecen, traspasando el cerco y mirando más allá.

28 . *¡Oh la noche, la noche toda,*
   *   *Inédita.*
   **   8 para entreabrir mi enredadera [*omit.* —¿quién?—] / 9, por lo.
   ***   Poema a la noche, y —en buena tradición mística— al amoroso engarce del alma del poeta con la noche. (Muy característicamente, es la noche quien pende del alma del poeta, enredadera infinita). La noche es como un gran parque o jardín, cuyas rosas son el alma del poeta, magnífico para andarlo camino de lo infinito. Quien lo ande —otro o el mismo poeta— habrá de avanzar abriéndose paso, apartando las rosas (del alma del poeta) que pueblan y aroman el jardín de la noche. La misteriosa, inefable compañera del caminante en ese andar a lo infinito pudiera ser la muerte, o la belleza, o ambas.

29 . *Cada instante que pasa,*

*   *Inédita.*

**   El texto mecanografiado se ha corregido, añadiendo un verso (el 9.º, que insiste en la exclamación *¡Esto era*) y dejando separación de estrofa entre él y lo anterior. En algún momento se consideró la posibilidad de incluir este poema en *Piedra y cielo* o *Eternidades,* pero la alternativa fue al fin rechazada (véanse ambos títulos escritos y tachados en la esquina inferior derecha de la hoja). Posteriormente, también se contempló la inclusión en otro libro, uno de los antologizados en *Poesía y Belleza: Forma del huir.*

***   El poeta, dialogando con la noche, se lamenta de que cada instante que pasa se lleva consigo, sin desvelarlo, el secreto, *el gran secreto* que el poeta se afana por descubrir, tan grande como la noche misma... Y repentinamente comprende que esto era, en cierto modo, el secreto: la grandeza y plenitud del instante, de cada instante. Y grita a todos que dejen sus cosas y vengan tras *este* instante, que el poeta acaba de *casi* descubrir (equiparando así *secreto* e *instante*: descubrir la rica plenitud del instante equivale a casi descubrir el *gran* secreto). Y en la estrofa final, como en la canción 5.ª de la *Noche oscura* de San Juan, el poeta se vuelve en amoroso agradecimiento a la noche —¡Oh noche azul, hermosa y pura!— que ha propiciado el hallazgo.

30 . *¡No, la luz no es de fuera,*

*   *Inédita.*

**   *Título.* Canción / 1 no está fuera / 2 sino en el / 7 no, el vivir infinito.

***   Más que en un momento de intensidad cordial (a pesar del título y del tono exaltado de la afirmación), el poema parece surgido como una protesta contra la finitud del día... y de la vida. Posiblemente, ha surgido en un ocaso. Es, pues, un poema a la defensiva, con cierta armazón silogística: la luz que nos ilumina el día no es de fuera, sino del corazón; por lo tanto, la muerte de afuera (la muerte de la luz y del mundo) no es la muerte personal porque ésta depende del corazón y la vida del corazón es infinita.

31 . *¡Ay, es tan imposible*

*   *Inédita.*

**   *Título.* La ilusión / 2 yo lo / 2 yo la.

Orijinal. Meditada.

***   También aquí el objeto del poema es una realidad invisible inalcanzable (¿eternidad, infinitud, el secreto de la vida...? *Ello*). Juan Ramón ha expresado la imposibilidad de su posesión real (sólo cabe poseer un ensueño, una ilusión de ello) con un poema al que ha dado la melancólica belleza de un lamento amoroso arábigo-andaluz. (No creo, sin embargo, que el poeta se dirija a una amada humana; una variante del ms. donde ha escrito "que yo lo tenga en mí" parece apoyar esta hipótesis).

32 .   *Tú, tan cerca, qué lejos,*
   *   *Inédita.*
   **   El ms. contiene apuntada la siguiente variante, para ser publicada en *apéndices*:

> Tú, tan cerca, qué lejos,
> con el espacio, enmedio
> —nubes, nubes, nubes—,
> del cielo azul y gris
> de nuestros sueños!
>
> ¡Yo, tan cerca, qué lejos,
> con el espacio enmedio
> —nubes, nubes, nubes—,
> del cielo de mis sueños,
> del cielo de tus sueños!

Meditada.
   ***   El y ella (su mujer), cada uno envuelto en sus sueños, como una vasta atmósfera interpuesta entre ambos.

33 .   *¡Ay, el aire yerto,*
   *   Apareció primeramente en "La realidad invisible (1917-1919) (Libro inédito)". *España*, núm. 287 (30 de octubre de 1920). Recogido después en *P*, núm. 6; *Pv*, p. 119; *C*, núm. 328.
   **   *Título.* Adiós / 1 la nada yerta, [Ap.] / 7 la tierra dura, [Ap.] / Otra variante, anotada al pie de la página y reservada también para *apéndices*, afecta a la tercera estrofa entera:

> ¡Los pájaros mudos,
> el humo derecho,
> que al hogar levanta!

Orijinal. Meditada.
   ***   Un breve comentario estrofa por estrofa facilitará la comprensión del poema. 1. Frío; el poeta siente frío a su alrededor;

2. Está fuera de casa. Antes, en casa, la casa era como un cuerpo que tenía el cuerpo del poeta como su alma (alma de la casa); 3. Fuera, en el silencio (y el frío), viendo salir el humo de los hogares, el recuerdo de la casa se levanta y espiritualiza, invadiendo el alma del poeta; 4. La situación se ha invertido ahora. Mientras, fuera, camina, el poeta siente que su alma es cuerpo (albergue) de la casa; es decir, que la casa es ahora como el alma del alma del poeta.

34 . *¡Abril!, ¿solo, desnudo,*

* *España,* 399 (1923), p. 5; *B,* núm. 25; *T,* núm. 521.

Subtítulo. Falta en *T,* tal vez por olvido / 1 ¿sólo, *B T* [acento añadido por error] / 4 rosales; *B T* / 6 ciclón de luz, los *B T* / 7 sudor, *B T* / 8 me parece *B T* / 11 caballo blanco *B T* / 12 de mi amor perdido! *B T* / 13, apretándole, *B T* / 14 frente blanca *B T* / 15 diamante negro *B T* / 16 Abril, abril; *B T* / 16 bello? *T* / 17 ¡mi pobre amor, mi pobre amor, abril! *B T* (pero en *T* el verso comienza con mayúscula). *España* coincide con *B.*

** La redacción del texto ha sufrido una serie de transformaciones. La primera versión, en la que incorporamos ya dos palabras añadidas, que transcribiremos entre corchetes [], versión escrita con un trazo más fuerte, en tinta, decía:

ABRIL

Abril ¿solo, desnudo,
caballo blanco [mío] de mi dicha?

—Llegó rompiendo, llenos de rocío,
los rosales, metiéndose, despedregando
los torrentes, levantando
—ciclón de luz— los pájaros alegres.—

Tu cansancio parece que viene de otra vida...
¡Ven aquí, ven aquí, caballo mío!

—Mi llanto le rocía
la frente, blanca cual la luna,
con su diamante, negro de carbón—.

Abril, abril ¿y tu jinete bello?
¡mi [pobre] amor, mi pobre amor!

Además del cambio de título *{Epitafio ideal* en lugar de *Abril},* también el subtítulo (¿Quién?) ha sustituido a otro, anterior pero que aún no aparecía en la versión primera; era un subtítulo clave para la comprensión del poema, porque decía: (*J. R. J.*). Juan Ramón sustituyó lo explícito de la declaración por una pregunta. En el proceso de elaboración de muchos poemas de Juan Ramón es esta la razón de muchos cambios y transformaciones: el deseo de huir de lo excesivamente obvio, explícito, particularizado, fácil, inmediato. La versión que damos como texto de *La realidad invisible* varía muy poco de la definitiva de *Belleza,* según puede apreciarse en las variantes consignadas arriba. Juan Ramón dudó entre incluir el poema en *La realidad invisible* o, como segunda opción, en *Hijo de la alegría.* Después pensó también en *Luz de la atención,* título escrito con el mismo trazo más débil, con que se han escrito las correcciones a los títulos del poema y al texto. En la 1.ª versión, transcrita en esta nota, la palabra *rocía* (verso 9) aparece señalada con una marquita, supongo que para indicar repetición con la palabra *rocío,* del verso 3.º; es sin duda una de las razones que han inducido a cambiar la expresión *Mi llanto le rocía / la frente* por *Mis ojos le acarician, apretando{le}, / la frente...* Las palabras finales de versos *carbón* (v. 11 de la 1.ª versión) y *amor* (v. final) llevan también una señal, para indicar que riman. En la versión definitiva, de *Belleza,* la rima se ha evitado, pasando la palabra *abril* de la mitad del verso (último) a la posición final: *¡mi pobre amor, mi pobre amor, abril!*

*** En *Eternidades* (1918), había publicado Juan Ramón (no. 29) un "Epitafio de un muchacho muerto en abril", que decía:

> Murió. ¡Más no lloradlo!
> ¿No vuelve abril cada año,
> desnudo, en flor, cantando,
> en su caballo blanco?

En el epitafio de *La realidad invisible,* abril no es el jinete sino el caballo blanco, que esta vez vuelve, lleno de vida y luz, pero sin jinete. El epitafio es, precisamente, por ese jinete perdido, quien en la versión que damos como última, igual que en la de *Belleza,* aparece aludido en el subtítulo con una pregunta: *¿quién?;* pero que en una versión precedente, según vimos en la nota anterior, venía más explícitamente declarado con las tres iniciales: J. R. J. El caballo viene de *otra vida,* de la muerte, hemos de entender, según los versos 7 y 8, y en ella ha quedado el jinete de abril: J. R. J. Si esta interpretación es acertada, se trataría, una vez más, de un poema dedicado a imaginar el mundo sin el poeta. Abril vuelve, pero esta vez no está el poeta con él, ausencia que el poema dramatiza en la bella imagen del caballo blanco sin jinete. Quien recibe al caballo y llora la ausencia del jinete es, creo, el mismo poeta, vivo, que, en un desdoblamiento semejante al del poema 124, se llora a sí mismo, ausente, muerto. La imagen del poeta jinete de abril hay que ponerla en relación con la imagen del poeta montando la yegua de la vida, del poema 31 de *Piedra y cielo;* o del poema 42 de *Eternidades,* donde dice el poeta: *Cobré la rienda, / di la vuelta al caballo / del alba; / me entre, blanco, en la vida.*

35 . *¡No, si no caben mis horas*
  *   Se publicó primero en "La realidad invisible (1917-1919) (Libro inédito)". *España,* núm. 287 (30 de octubre de 1920), p. 9. Recogida después en *P,* núm. 3; *T,* núm. 451.
  9 hora; y *P T.*
  **   4 posible cortar [Ap.] / 6 que quede justa [Ap.] / 7 que me da el reló del hombre [Ap.].
  La asonancia entre *material* (v. 3) y *cortar* (v. 4 de apéndices) ha sido notada y señalada.
  Orijinal. Meditada.
  ***   El tema, también aquí, es la muerte. Pero en esta ocasión, lo que el poeta expresa no es *temor* a o ante la muerte, o un deseo de sobrevivir tras la muerte en una u otra forma. El poeta lamenta que el tiempo destinado para vivir es demasiado corto para realizar su propio destino. Juan Ramón emplea un hermoso símbolo: *cortar* la *rosa de fuego.* Creo que en este símbolo está incluida, por supuesto la Obra, pero que hay en él más. *La rosa de fuego* es la Vida bella en su totalidad, y el quehacer poético es una parte destacada de ese vivir bello total, que incluye todas las actividades físicas, sensoriales y todas las espirituales: el gustar, el oler, el tocar... junto al sentir, el recordar, el anhelar, etc.).

36 . *¡Oh días de colores en la noche*:
  *   *B,* núm. 9.
  Título. Figuraciones / 8 —... belleza / 10 única!—
  **   10 el desamparado; [Ap.] / el desconsolado; [Ap.].
  Orijinal. Meditada.
  ***   Es un canto a la belleza de los sueños que vienen al hombre en la noche (en el túnel, cueva o cárcel del sueño) y al poder mágico y consolador que ellos tienen.

37 . *Día tras día, mi pluma*

* *España*, 393 (1923), p. 3; *B*, núm. 127; *T*, núm. 568. Presentan variantes que reproducimos más abajo.

** El ms. de este texto es interesantísimo porque permite seguir el proceso de creación a través de una serie de enmiendas sucesivas. Partiendo de un texto sólo discreto, llegamos a una versión de gran calidad, ya muy cercana a la definitiva de *Belleza* (1923). (En este caso, no cabe duda de que la versión de *Belleza* viene tras la versión que damos como última de *La realidad invisible*). Por su interés, reproduzco los principales estadios por que ha pasado la redacción del poema:

1.   Día tras día, mi pluma
           —¡cavadora, cavadora!—
           me entierra en el papel blanco.
           Antes de morir mi vida,
           me he de ver resucitado.
           Ascensión mía, parada
           en las tardes de oro blanco.

2.   Día tras día, mi pluma
           —¡cavadora, cavadora!—
           me entierra en el papel blanco.

           Antes de morir mi vida,
           me he de ver resucitado.
           ¡Ascensión mía, parada
           en las tardes del futuro!

(En este momento, también ha pensado Juan Ramón en la posible sustitución de *papel blanco* por *libro blanco* en el tercer verso).

3.   Día tras día, mi pluma
           —¡cavadora, minadora!—
           me entierra en el libro blanco.

           ¡De él, como un ascua de oro
           volaré resucitado!

En este estadio de elaboración del poema, Juan Ramón parece haber desechado los cuatro versos que constituían la segunda estrofa del poema en la fase anterior. Los cuatro, en efecto, aparecen cruzados por una línea en espiral de parte a parte. La que es estrofa segunda en esta tercera fase sufre, a su vez, una serie de enmiendas, que parecen hechas en un tiempo inmediato.

> verso 1: De él como un ascua sin fin / De él como un ascua inmortal
>
> verso 2: volaré trasfigurado / volaré refigurado

En algún momento, se ha intercalado entre ambos versos otro, que, antes de cristalizar en la versión que damos como definitiva, decía:

> quemando la luz y el sol / quemando el sol de los siglos

4. Como 4.ª versión puede considerarse la que damos como texto definitivo de *La realidad invisible*. Los versos *Ascensión mía, parada / en las tardes del futuro!*, que habían sido eliminados, aparecen reescritos con un trazo a lápiz sobre la escritura en tinta; es decir, han sido reincorporados al texto; después, corregidos según aparece en esta edición. La versión de *Belleza* ofrecerá todavía dos enmiendas, y la adición de un verso entero, más el título: *La Obra*. (Quizás por esto, Juan Ramón tachó el encabezamiento, *La realidad invisible*, en lo alto de la página, posiblemente con idea de incluir el poema en el libro *La Obra*). Es éste un claro ejemplo de un texto en el que cada enmienda es un acierto, y todas ellas, una a una, van elevando la calidad y esencialidad del poema. La versión de *Belleza* (poema 127, poema final del libro) dice:

5.

LA OBRA

Día tras día, mi ala
—¡cavadora, minadora!,
=¡qué duro azadón de luz!—,
me entierra en el papel blanco ...

—¡Ascensión mía, parada
en futuros del ocaso!—

... ¡De él, ascua pura inmortal,
quemando el sol de carbón,
volaré refigurado!

*** Día a día, va el poeta entregándose, encerrándose en su Obra. Esa entrega equivale a una ascensión detenida, fijada en el libro, que es así su ocaso y, al tiempo, su promesa de vida futura. De él, del libro, surgirá el poeta con nueva vida, como un ascua de luz inmortal.

38 .   —*¡Adiós!*
    *   *B,* núm. 35.
    14 ¡Oh!, ¿no eres mía?
    **   10 el "no": el "nada" [Ap.] / 12 no podemos [Ap.].
Las palabras *ojos* (v. 3), *ojos* (v. 4), *ignoto* (v. 9), *astros* (v. 11) y *comunicarnos* (v. 13) aparecen señaladas con una marquita, cuya intención está explícita en el esquema apuntado al pie de la página. En dicho esquema, reservado para los *apéndices,* se subraya la relación entre *ojos, ojos, ignoto,* de un lado, y entre *astros, comunicarnos,* del otro.
Orijinal. Meditada.
    ***   Otro poema sobre el sueño. Como, de un modo u otro en tantos poemas, en éste se halla Zenobia. El sueño —dice el poeta (a Zenobia)— nos cierra, nos encierra en nosotros, sin posibilidad de comunicación del uno con el otro.

39 .   *¡Dejad correr la gracia*
    *   *B,* núm. 33.
    4 se lleve.
    **   1 Dejad volar / 1 Dejad subir / 16 de ese / 19 sus hojas se terminen.
Sendas marquitas señalan la repetición de las palabras *que* en el verso 8, y *del* en los versos 9 y 10.
Orijinal. Meditada.
    ***   No temamos abandonarnos a la ensoñación, al sentir, a la contemplación de la rica y varia realidad invisible. No desoigamos su llamamiento, pensando que nos aparta de nuestro quehacer (el poeta piensa en su Obra); entreguémonos agradecidos a ella y al deleite de la entrega. Se llegará —dice el poema— a una armonía en el alma entre la ensoñación y el hacer, se logrará un equilibrio, un clima espiritual justo (perfecto y suficiente como la rosa); algo semejante a lo que Juan Ramón llamó otras veces *vivir en poesía.*

40 .   *¡Qué bien la casa*
    *   *Inédita.*
    **   En variante anotada al pie, el verso final aparece cambiado (haciéndose más explícito) en estos tres:

cómo sus cuartos, como
las cámaras del corazón,
se llenan de mi sangre!

También se anota esta otra posible alternativa para el verso final:

el que se siente ella,
en plenitud de plenitudes!

La repetición paralelística de las tres exclamaciones ¡qué...! (al comenzar los versos 1, 6, 9) ha sido señalada con una marquita. *** Juan Ramón ha expresado en algunos poemas —hay varios ejemplos en este libro— la grata placidez de encontrarse en la calma de su casa, entregado al placer de su trabajo y de los sueños. En algún poema se ve a sí mismo como alma y a la casa como cuerpo, unidos así en armónica unidad. Este es también el tema del presente poema, aunque aquí se ve él, no como alma, sino como el corazón de la casa. Hay por eso más énfasis en lo cordial, amoroso, de esa relación que une —como a dos enamorados— a poeta y casa. Y como era de esperar en Juan Ramón, y corresponde a su papel de corazón de ese todo armónico, es él, el poeta, no la casa, el agente principal de la armonía: *¡Qué bien la casa / conmigo...* *¡Qué ritmo plácido y tranquilo el que le doy yo...* En otras palabras, el poeta no dice qué bien se encuentra él en la casa, sino qué bien se encuentra la casa con él.

41 . *¡Sí, para muy poco tiempo!*

*   Publicado por primera vez en "La realidad invisible (1917-1919) (Libro inédito)". *La Pluma* (Madrid), Año II, Núm. 11 (abril de 1921), pp. 212-213; *P*, núm. 79; *C*, núm. 279; *Vc*, p. XLV.
Título. Obra *C Vc* / 1 Sí, para *C*.
**   4 más uno! [*Ap*.].
Orijinal. Meditada.
***   Frente a algunos poemas que subrayan la irremediable fugacidad e inaprehensibilidad del instante (ej. *¡Qué se me va, que se me va, que se me va...!*, *Piedra y cielo,* no. 101) Juan Ramón tiene otros en que afirma la posible eternidad del momento ("Eternidad, hora ensanchada...", "Mirlo fiel", *Tercera Antolojía,* p. 821). Este es uno de esos poemas.

42 . *Los dos vamos nadando*

    *   Apareció primero en "La realidad invisible (1917-1919) (Libro inédito)". *La Pluma,* año II, núm. 11 (abril de 1921), p. 210. Recogido más tarde en *P,* núm. 15.
7 yo en.

    **   6 en mi ola, / 7 la tuya / 8 te levanta, / 9 me levanta. Orijinal. Meditada.

    ***   Otra vez el tema es la comunicación entre el poeta y ella (su mujer), comunicación que, se logre o no, ha de hacerse a través del mundo (sueños, nubes, olas...) que envuelve a cada uno, aislándolos. Pero en este poema sí hay comunicación posible, mutua, cordial y salvadora.

43 . *¡Recuerdos de la tú de ayer*

    *   *Inédita.*

    **   Al pie de la página, una variante sustituye al último verso por estos dos:

> pegados —¡cómo!—
> a mi corteza negra!

    ***   Un recuerdo de alguien [¿un amor adolescente?, ¿su amor a Zenobia más joven? (muy posiblemente), ¿la propia alma?]; y el recuerdo, o mejor dicho, los recuerdos son de ella *entonces,* de ella en *aquel* tiempo. La ternura que los recuerdos traen al poeta del presente (ya en el 'anochecer') está hermosamente dicha a través de imágenes expresivas de algo tenue, pequeño y suave (fijémonos en el acierto del cambio *alas* por *alitas* en el ms.). La ternura, claro, no es sólo por ella entonces, sino también por él, y por el mismo *entonces* ido, visto en dramático contraste con el presente.

44 . *¡Qué lejos llegan en tu azul, silencio,*

    *   *Inédita.*

    **   Trascribo *Oh* en los vs. 15 y 24 para unificar la ortografía.

    ***   ¡Qué altos suben mis pensamientos en tardes como éstas, claras y en silencio! Se diría que no van a volver nunca ya a mí. (Me recuerda su ascensión el vuelo de las cometas con que jugaba de niño). Y mi corazón late ante el temor de esa posibilidad ... De aquí hasta el final del poema, Juan Ramón expresa algo que está muy cerca de un sentimiento ya analizado por los místicos (me parece indudable que en éste como en otros poemas Juan Ramón los ha tenido presentes). En el caso de los místicos se trata de una resistencia —miedo, congoja— que opone el cuerpo a la separación del alma, a dejarla ir al encuentro de Dios. En este poema, el cuerpo se agarra al alma para ponerle contrapeso al infinito, para que el alma no se vuele al infinito y se interne en él sin vuelta... Está también dentro de la tradición del lenguaje místico (y del petrarquismo), la descripción de ese temor por medio de contrastes: miedo gustoso, miedo y deleite, no querer hacer volver las alas que se van ni quedarse sin ellas... Así como en otros poemas de Juan Ramón sólo se expresa el ansia por el viaje, el místico anhelo de penetrar la belleza infinita, aquí, el sentimiento dominante, el que expresa el poema, es el miedo al misterio, a lo ignorado con su poder de seducción, y, por supuesto, al precio que hay que pagar por penetrarlo... Por esta vía, llega el poema al descubrimiento final, que me parece de gran originalidad en la poesía de Juan Ramón: el poeta llega, en efecto, a descubrir el peligro implícito en la belleza diaria, y a sentir miedo de ella.

45 . *¡Las olas de tus sueños,*
    *   *Inédita.*
    ***   El tema es otra vez la comunicación entre poeta y mujer (poema de amor conyugal): uno y otro surcando sus propias olas (sus sueños, que los separan), sólo aquietadas un momento en el acto amoroso.

46 . *Me llama la tarde pura,*
    *   *Inédita.*
    **   8 y callando, sin alarde / 9 de fuerza, como un imán, inefable. Destinada primero a *Piedra y cielo*, Juan Ramón cambió después de parecer y decidió incluirla en *La realidad invisible*.
    ***   Con preferencia a las múltiples solicitaciones gustosas venidas de fuera, el poeta obedece a la solicitud, más poderosa y gustosa para él, de su propia alma; su compañía le recrea y enamora más que cualquier cosa, y es ella quien, sin esfuerzo, le retiene. En este canto a la íntima soledad, muy narcisista, encontramos esa erótica sexuación tan característica en la poesía de Juan Ramón: el alma es mujer y amada. (El símbolo se repite en el poema "Amor" (no. 48 de este libro: "Ay, alma mía, / si yo pudiera amarte, / hecha mujer desnuda eterna"). El alma es también hermana: el título y el verso 10 están sin duda dictados por un recuerdo infantil, al que alude Juan Ramón en un papel conservado

en Puerto Rico: de niño, el cuerpo desnudo de su hermana, niña también, le parecía al poeta su propia alma.

47 . *Llega, alto, el ruido de las plazas*
     *   *Inédita.*
     **   Sendas marquitas señalan la asonancia de las palabras *llenas* (v. 2) —*bella* (v. 4) e *inefable* (v. 7) —*nadie* (v. 8). Posible variante, no adoptada pero tampoco enteramente desechada, es la palabra *desiertas* (en lugar de *sin nadie*, v. 8); también *sola*, en el verso 16, sustituida por *única*, para evitar la repetición de la palabra, que ya aparece dos veces en el verso anterior, el número 15. Se contempla la posibilidad de incluir el poema en otro libro: *La Obra.*
     ***   Lejos del ruido de las gentes, distante y difuso, el poeta se deleita en la paz y soledad de un domingo inacabable, sintiendo dentro de sí la alegre certeza de la obra conseguida. Mientras, en el aire, alienta ya la primavera.

48 . ... *Cantan pájaros únicos,*
     *   *Inédita.*
     **   4 —La brisa tiende.
Meditada.
     ***   El poema expresa, como ya el título indica, un sentimiento de alegre, despreocupada felicidad. El misterio de esa felicidad que invade el corazón queda expresado en la duda sobre *dónde* cantan los pájaros que cantan y en la presencia de flores desconocidas al lado de otras conocidas.

49 . *¡Ay, alma mía,*
     *   *Inédita.*
     **   3 hecha eterna mujer desnuda!
Primero destinada a *Piedra y cielo*, pasó después a *La realidad invisible.*
     ***   En otro poema comentábamos esta sexuación de imágenes y símbolos, característica de la poesía de J. R. J. *Mujer desnuda,* tema clave —con la *Muerte* y la *Obra*— en la poesía de Juan Ramón, es el símbolo de la sensualidad erótica. Por otro lado, el alma se le aparece como un desdoblamiento (femenino) de sí mismo. (Ya hemos contado el probable origen de este símbolo: cuando niños, el cuerpo desnudo de la hermana le parecía al poeta su propia alma).

El poema es así un narcisista poema de amor al alma propia, a quien el poeta desearía (salvándola y salvándose de la muerte) poder seguir amando en bodas de amor eternas.

50 . *¿Te cansaste quizás tú, solitario,*
    *   *Inédita.*
    **   El encabezamiento con el título de *La realidad invisible* aparece tachado, mientras que al pie de la página se ha escrito el nombre de *La corriente infinita.* Esto parece indicar que Juan Ramón pensó traspasar el poema de aquél a este libro. (*La corriente infinita* es uno de los nombres de libros que Juan Ramón proyectó). En cierto momento, el poema estaba destinado a ser el poema final de la *primera parte* (de *La realidad invisible*); después, el autor cambió de parecer y tachó la indicación.
    ***   El poema parece haber nacido una tarde de abril. Tendido junto a un arroyo, un atardecer de abril, el poeta no se cansaba de oir la monocorde canción del agua al correr. No querría dejar el sitio. Siendo así, dirá después, tampoco se cansará jamás de oir la canción (siempre igual, siempre distinta) de su propia alma, eterna, sola y una.

51 . *¡Esta ansia de apurar*
    *   *La Pluma* (Madrid), año II, núm. 11 (abril de 1921), p. 208; *P,* núm. 118; *C,* núm. 274; *Vc,* p. XLIII.
Título. Nostaljia *La Pluma P C Vc.*
    **   4 para irse [Ap.].
Orijinal. Meditada.
    ***   "Nostaljia" llamó Juan Ramón a este poema (título despúes suprimido). La nostalgia es de todo lo que se va. Y por eso quiere el poeta salvarlo en el tiempo reteniéndolo en él, haciéndolo permanecer en sí, para poder seguir hacia adelante. (Apurarlo, y a otra cosa). Así podré irme *de su siempre en mí*, dice el poeta. Ya asegurado, ya apurado, salvado y hecho permanente en mí, puedo irme de ello y volver mi atención inmensamente requerida por toda la rica y múltiple realidad temporal.

52 . *¡Ay, cómo siento el fuerte manantial,*
    *   *Hermes* (Bilbao), núm. LVI (febrero de 1920), no. V, p. 81; *P,* núm. 18; *C,* núm. 335; *T,* núm. 459.
1 el manantial, *Hermes P T C* / 6 inalterable, rio *Hermes P T C.* *Canción* introduce además otros cambios y dos versos más.

LA REALIDAD INVISIBLE

(1917-1919)

(LIBRO INÉDITO)

NOSTALJIA

1

¡ESTA ansia de apurar
todo lo que se va;
de hacerlo permanente,
para irme de su siempre!

2

¡NUBE blanca,
ala rota—¿de quién?—
que no pudo llegar—¿a dónde?—

3

DEJAD las puertas abiertas,
esta noche, por si él
quiere, esta noche, venir,
que está muerto.

Abierto todo,
a ver si nos parecemos
a su cuerpo; a ver si somos
algo de su alma, estando
entregados al espacio;
a ver si el gran infinito
nos echa un poco, invadiéndonos,
de nosotros; si morimos
un poco aquí; y allí, en él,
vivimos un poco.

¡Abierta
toda la casa, lo mismo
que si estuviera de cuerpo
presente, en la noche azul,
con nosotros como sangre,
con las estrellas por flores!

4

¡COSAS que me has de alumbrar
—vistas siempre, sin ser vistas—;
cosas que tengo que ver
en ti, luz de cada día!

·5

NUEVA VIDA

¡ALEGRÍA que tienes tú por mí!
—¡Ay, tarde clara y buena!—
¡Otra vez a vivir!

** 2 corazón profundo! [Ap.] / 4 de flores y de estrellas, [Ap.]
5 su chorro.

La anotación *Hermes, y 5* se refiere, claro es, a la inclusión del
poema en la revista. Escogido por Juan Ramón para poema final
de la primera parte del libro.

Orijinal. Meditada.

*** El poema expresa un sentimiento (una oscura intuición) de
eternidad (absoluto, belleza suma...) en zonas oscuras de la propia
conciencia, y un ansia de ascender a la fuente misma de lo eterno.
(Como en muchos otros poemas, Juan Ramón ha tenido presente
a nuestros místicos, sobre todo a San Juan: *Que bien sé yo la
fonte que mana y corre / aunque es de noche...*).

53 . *¡Alegría que tienes tú por mí!*

* Publicado primero en "La realidad invisible (1917-1919)
(Libro inédito)". *La Pluma,* año II, núm. 11 (abril de 1921), pp. 209-
210. El texto coincide exactamente con el que publicamos, salvo
por una de aquellas erratas que desesperaban a Juan Ramón, en el
5.º verso *{jos, más lejos - yo abro, con mis brazos}.* Publicado después en *P,* núm. 26; *T,* núm. 462.

** 8 ¡Toda la vida, [Ap.].

Las palabras *nuevo* (v. 4) y *nuevamente* (v. 8) llevan una marquita
para hacer notar su afinidad; también llevan marcas *nuevo* (v. 4),
comienzo (v. 6) y *enmedio* (v. 8) para señalar su asonancia.

Al pie de la página, la anotación o: *"Ellos"* indica que se ha considerado la posibilidad de trasladar el poema a este libro, *Ellos,* uno
de los antologizados en *Poesía* y *Belleza.*

Orijinal. Meditada.

*** Siendo éste el primer poema de una sección que tiene como
título "A la vejez amada", dedicada por Juan Ramón principalmente
a su madre —cuya muerte sentía él próxima— nos inclinamos a
pensar que es ella el *tú* del poema, que a ella, a la madre, va
dirigido. La alegría que su madre siente gracias a él —por su compañía, conjeturamos—, le hace sentirse dichoso y capaz de dis-
pensar felicidad y vida. Esta es la disposición espiritual que recoge
el poema: un sentir la vida toda y entera nuevamente en medio,
nuevamente por vivir, sin que importe el tiempo.

54 . *¡Qué importa*

* *Inédita.*

** 10 dulce y buena [Ap.] / 20 cielo puro.

A la cabeza del poema el signo (1 ?) indica que Juan Ramón consideró la posibilidad de encabezar la serie *A la vejez amada* con este poema. Después un *no,* escrito con trazo débil, parece rechazar la idea. Con sendas marquitas se señala la repetición de las palabras *presente* (en los versos 5, 6, 9), *sea* (versos 11 y 12) y *tranquilo* y *tranquilidad* (en los versos 7 y 11). Tiene interés la razón que da Juan Ramón de las señales en la palabra *ella,* final de los versos 19 y 21. Anota Juan Ramón al margen de la página (anotación salvada para los *apéndices*): *ella! —ella! Confusión justa. ¿Quién? ¿El agua? ¿Mi madre?* Tiene interés la anotación porque deja explícito uno de los rasgos expresivos de la palabra en Juan Ramón: el valor de la ambigüedad cuando ésta enriquece legítimamente el profundo sentido de las palabras.

Orijinal. Meditada.

*** Poema a la madre. No importa —dice el poema— que sean ya tan pocos los días que le quedan por vivir. Hay que hacer que su día presente se dilate, alegre y tranquilo, para que cada día valga por una vida entera. Y así, en esta paz alegre, vaya, poco a poco, acabando.

55 . *¡Instantes en que la bondad*
*   *B,* núm. 83.
7 ¡Ay, frío, frío, frío, / 10 *no existe en B.*
**   3 ¿los menos buenos? / 6 que aquel que.
Orijinal. Meditada.
*** Tiene este poema algo de examen de conciencia. Tras haber acogido con cierta compasiva burla un acto de bondad ajeno —dice—, ¡qué bueno es reaccionar con generosidad y —arrepentidos— sobrepasar la bondad que antes compadecimos! [Porque] cuando un impulso generoso y bueno del corazón no encuentra eco cordial en los otros, sentimos frío, torpeza y soledad, como si nos viéramos torpes, en el centro de una estancia, con una flor inútil y sin sentido en la mano, sin saber qué hacer con ella.

56 . *¡Pensamiento; imán dulce,*
*   *Inédita.*
**   4 ; ¡ay, de todo!; [Ap.] / en la vaga tarde / 11 más patria que este mundo [Ap.] / 11 más patria que la tierra [Ap.] / 11 más patria que la vida [Ap.] [En las tres variantes se han suprimido las dos palabras iniciales del verso: *que es}.*
Orijinal. Meditada.

*** Vida del pensamiento que nos sustrae de todo y nos mantienes en ti absortos; pensamiento, más casa nuestra que el mundo.

57 . *¡Rosas, rosas al cuarto*

* *España,* 393 (1923), p. 4; *B,* núm. 104; *C,* núm. 156; *N,* p. 297; *Vc,* p. XXXI.

Título. Al cuarto *C N Vc* / 1 Rosas *C N Vc* / 2 abandonado. *C N Vc* / 3 Que *C N Vc* / blanco. *C N Vc.*

** Orijinal. Meditada.

*** Dos realidades invisibles, inasibles, hay en este poema: el olor de unas rosas y el recuerdo *blanco* de una mujer ausente vagando en un cuarto abandonado. El poeta envía rosas al cuarto para que las dos realidades invisibles se acompañen. (Siendo esta sección, en gran número de sus poemas, un homenaje del poeta a su madre, cercana ya su muerte, la mujer ausente del poema es, sin duda, la madre).

58 . *¿Qué te tira del alma?*

* *P,* núm. 58; *C,* núm. 27; *Vc,* p. XII; *T,* núm. 476.

Título. Un mar *C Vc* / 2 —Te *P T* / (Te *C Vc* / 4 agua—. *P T* / agua) *C* / agua.) *Vc.*

** 2 Estás adelgazando.

Bajo el texto hay una nota —destinada a los *apéndices*— que llama la atención sobre la distinta longitud (*no iguales,* dice la nota) de los versos primero y tercero; la brevedad del último verso, en consonancia con el significado, parece estimarse un acierto.

Orijinal. Meditada.

*** El título del poema responde a la pregunta de su primer verso. Es la cercanía del mar (de la muerte) lo que le tira del alma, y adelgaza su cuerpo. Aquí es el alma la que va a dar en el mar, mientras la vida se seca, como un arroyo sin agua. Se trata, indudablemente, de otro poema a la madre.

59 . *¡Ojos, que sois cada uno*

* *Inédita.*

** 4 qué me ahogáis en.

Como posible alternativa a *La realidad invisible,* para recoger el poema, se consignan los nombres de *Ellos* y *Fuego y sentimiento,* dos libros antologizados en *Poesía* y *Belleza.*

*** Romance, que, por serlo y también por el tono del sentimiento (tristeza, lágrimas, corazón en pena), parece de una época muy anterior. Es, sin duda, un poema a los ojos (negros y tristes) de la madre del poeta, que miran (ellos solos) la tristeza del hijo. El poema pudiera ser retrospectivo y recrear el sentimiento y la situación espiritual de una época anterior.

60 . *¡Cómo, rostro —¡ojos grandes!—,*
    *   *P,* núm. 103.
    1 rostros. (*Es, sin duda, un error de la edición.*)
    **   1 La coma al final del verso falta en el texto y la he añadido porque la requiere el sentido del verso. *P* la tiene. / 7 más neta de [Ap.] / más pura de [Ap.].
    Orijinal. Meditada.
    ***   Otro poema a la madre, observando la progresiva espiritualización que la cercanía de la muerte va imprimiendo en su rostro. (Recuérdese el poema "Mar").

61 . *No otra en el cansancio de ti viva,*
    *   *Inédita.*
    ***   No *otra* (diferente), cansada de vivir, sino (más bien) tú, la tú de siempre, liberada, descansada, en tu muerte. Aunque el texto no lleva la indicación de "A la vejez amada", el poeta parece dirigirse a su madre. Sería un argumento autoconsolatorio, estando la madre ya muerta o próxima a morir (e imaginando el poeta en este último caso una triste y cansada vejez para su madre). Lo que el poema viene a decir en síntesis es pues: "Mejor muerta, que arrastrando una vejez triste y cansada".

62 . *A veces, quiero en mi madre*
    *   *Inédita.* (Pero dada a conocer en un cuaderno publicado, para felicitar el año 1974, por '*Benjamín Palencia y La familia de Zenobia y Juan Ramón Jiménez';* con algunas variantes: 3 que vive fija en el tiempo / 4 abuela de / 5 fuego en yo no sé qué todo / 8 que me grita, que).
    **   3 vivió / 5 viva en yo no sé qué nada.
En la cabecera, la anotación *o Ellos* indica que se ha considerado la posibilidad de trasladar el poema al libro *Ellos,* también representado en *Poesía y Belleza.* El poema está tachado, y a pie de página ha escrito Juan Ramón la palabra *Copiado:* Esto indica que de este poema se ha hecho copia nueva, que ha pasado a ser el *orijinal,* o texto base, y esta copia ha quedado desechada. Como no he podido conseguir la nueva copia, reproduzco la vieja y la uso como texto base.

*** Esa madre eterna (a quien el poeta asocia en algún modo con su madre) es, al mismo tiempo, una madre universal y originaria y la muerte.

63 . *¡Si pudiera decir*
*   *B*, núm. 10; *T*, núm. 515.
Título. A la vejez amada *B T* / 2 yo: *B T* / 3 cruel: *B T.*
**   6 abierto al.
Orijinal. Meditada.
***   Parecen remordimientos de algo, algo de su propia conducta para con su madre, que no desea que su madre recuerde por el daño que le puede causar. En estos momentos en que el poeta siente cercana la muerte de la madre, quisiera que todos los recuerdos que ella tuviese de él (*su pasado mío*) fueran recuerdos dorados y gustosos (cf. poema "Puerto", no. 69, vv. 26 y 29).

64 . *Voy a taparle a su carta*
*   Publicado primero en "La realidad invisible (1917-1919) (Libro inédito)". *La Pluma* (Madrid), año II, núm. 11 (abril de 1921), p. 210. Recogido en *P*, núm. 125; *C*, núm. 29; *Vc*, p. XIII.
Título. En setiembre *C Vc* / 2 piés *C Vc* / 3 frío de madrugada *C Vc.*
**   Orijinal. Meditada.
***   Gracioso movimiento de ternura hacia su madre, hacia una carta que ha recibido de su madre.

65 . *Dulce, la tarde*
*   *B*, núm. 61; *T*, núm. 538.
Título. A la vejez amada *B T* / *Subtítulo.* (Viaje) *B T* / 5 muerte ¡ya *T* / 11 lejos, *B T* / 12 (¡oh súbito volar del inconsciente!) *T.*
**   No tiene título; *Viaje* es un subtítulo, como en *B T* / 12 inconciente.
Orijinal. Meditada.
***   Es este un poema difícil, aunque claro en el sentimiento esencial que expresa: una honda preocupación del poeta ante la muerte inminente de la madre. Los versos vienen a decir, estrofa por estrofa: 1) La madre, como tantas veces al ocuparse de las cosas del hijo, prepara sus cosas, su viaje, en la paz que ella pone siempre en todo lo que hace; 2) Hay momentos en que la imaginación del poeta (su inconsciente) se lanza al vuelo y llega cada vez más lejos; otras, el alma se resiste al vuelo; 3) ¡Y ella —la madre—

llegará (de su viaje), y no me encontrará, encontrará el desierto, y se caerá en él para morir desalentada y sollozando! Es posible (hablo de ello sólo como una hipótesis) que Juan Ramón esté juntando en este poema dos viajes: el actual (próximo), tan temido, de la madre a la muerte, y un viaje anterior, antiguo de él, que podría ser un viaje en que abandonó Moguer (dejando en él a su madre, sola, sin su compañía) para instalarse en Madrid. También en vísperas de aquel viaje antiguo, luchaba el poeta con dos impulsos contradictorios, uno que le retenía *allí* en esa paz de las tardes junto a su madre, y otro, que le incitaba al vuelo, a alejarse. Ahora, sin embargo, en vísperas de este viaje (¡ya tan cerca!) de la madre, parece que el poeta siente como un deber la urgencia de *ir* (obsérvese el matiz negativo de la expresión "peso *oscuro* de hierro" aplicada al alma que se niega al viaje), de anticiparse él al viaje, de *estar allí* para acompañar a la madre cuando llegue, para evitar que ocurra lo que teme la estrofa tercera: que llegue y se encuentre sola y desamparada (desalentada, *ya por última vez*). Pero también podría ser que, para recibir a la madre, deba el poeta permanecer donde *ahora* está. (Todo depende del sentido positivo o negativo que demos a *quedarse* o a *irse* en la segunda estrofa.) El lugar de llegada no es aún la muerte (puesto que lo que se teme es que la madre llegue, no encuentre al hijo, y entonces muera sollozando) sino, más bien su pórtico de entrada. Y lo que grita el poema es la necesidad de que el hijo esté allí, preparado para recibir a la madre y llevarla protegida, acompañada, a la muerte (o, quizás, como en el poema que sigue a continuación, a la nada). (La idea de que la madre va a emprender un viaje —hacia la muerte— aparece también en el poema 69).

66 .   *¡Si pudiera llevarte*
*   *B*, núm. 18.
**   1 ¡Quién pudiera / 2 yo a la muerte, en los brazos, de la vida,.
Orijinal. Meditada.
***   Otro poema, lleno de ternura, del poeta a su madre. Como ella le llevaba, siendo niño, desde su pecho a la cuna, quisiera ahora poder llevarla a ella en sus brazos desde la vida de ella hasta el sueño de la nada.

67 .   *¡Qué hierro el pensamiento!*
*   *B*, núm. 50; *T*, núm. 532.

8 tiernos!—, / 13 corazón,.

** 1 el sentimiento! / ¡Qué nido [Ap.] / ¡Qué imán [Ap.] / ¡Qué Dios [Ap.].

Orijinal. Meditada.

*** Un gran poema sobre el poder del pensamiento y su capacidad para recordar y poblar la cabeza y el corazón (¡y el alma!) de personas, cosas, ... todo el universo. Un poema, sobre todo, al recuerdo de "ellos" (familiares queridos), recordados a la tarde, en el crepúsculo, hora propicia a la memoria de personas y cosas idas.

68 . *¡Remordimiento, no*

* Apareció primero en "La realidad invisible (1917-1919) (Libro inédito)". *España* (Madrid), año VI, núm. 287 (30 de octubre de 1920), p. 9. Fue incluido después en *P,* núm. 120, y en *T,* núm. 504.

4 sólo; *España.*

** *Título.* Martirio / 2 te canto, no; no quiero [Ap.] / 4 mi dolor.

Orijinal. Meditada.

*** Se niega a hacer poesía con el remordimiento. (¿Será otra vez remordimiento para con su madre como en el poema 61?). Guardará el dolor para sí, y será el dolor quien le castigará.

69 . *¡Ahí siempre tu recuerdo, tan solito*

* *B,* núm. 72; *T,* núm. 542.

1 solito, *B.*

** La nota al pie de la página indica que Juan Ramón consideró la posibilidad de trasladar el poema a *Ellos,* libro representado en *Poesía y Belleza.*

Orijinal. Meditada.

*** Parece haber existido en Juan Ramón el sentimiento de la soledad de su madre tras el traslado del poeta a Madrid. Por los años de *La realidad invisible,* en que piensa cercana la muerte de la madre, escribió Juan Ramón varios poemas que expresan un sentimiento de remordimiento, posiblemente relacionado con esa preocupación por la soledad de su madre. Este poema "Ventana" pudiera formar parte de la serie. El poema alude a un recuerdo, que no le abandona. Es muy expresiva la imagen que construye: es el recuerdo el que *mira,* como desde una ventana, levantado el visillo, en la inutilidad de un domingo vacío y sin propósito: la vaciedad y falta de objeto se debe, creo que dice el poema, a la falta del hijo.

70 . *¿Todo acabado, todo,*

* Publicado primeramente en "La realidad invisible (1917-1919) (Libro inédito)". *España* (Madrid), año VI, núm. 287 (30 de octubre de 1920), p. 9. Publicado después en *P,* núm. 123; *T,* núm. 505.

** 6 que tú, desde tu nada, un día eterno. (*Hay otra variante de este verso que va en combinación con las variantes propuestas para el verso 8.º:* que tú, madre inmortal, un día eterno, [Ap.]) / 8 a mí, hijo infinito! [Ap.] / a mí, niño infinito [Ap.].

Una nota considera la posibilidad de pasar el poema a *Ellos* (otro libro del mismo período, como sabemos, parcialmente recogido en *Poesía* y *Belleza*).

Orijinal. Meditada.

*** Otro poema a su madre. Una resistencia a admitir la destrucción total y una afirmación de algún modo de pervivencia para ella, para la madre, tras la muerte. Lo que da problematicidad a este modo de pervivencia es la introducción de *la nada* en el poema: lo eternizado en él es equiparado a una *nada inmortal;* y en una variante del manuscrito se afirma, con igual claridad, que esa forma de sobrevivencia es *desde la nada* (desde ella mirará *eternamente* la madre al hijo). Corazón y razón, en este como en otros poemas, afirman cada uno, su verdad. (Obsérvese que las correcciones manuscritas eliminan las paradojas: *nada inmortal / nada infinita*).

71 . *¡Estos paseos lentos por el muelle de la vida,*

* *Inédita.*

** 7 pensando en mí.— [Ap.] / 10 última, / 11 de dártela / 15 te quisiera / 16 colmar de melodía / colmar de amor / 22 en una tarde / en la tarde / 26 contenta del pasado, / 29 —mis recuerdos.

Aunque no está tachado, omitimos el subtítulo (*Insistencia*) que aparece en el texto original, porque ésta ha sido la intención de Juan Ramón al escribir un *No* junto a él, con trazo débil; la eliminación se debe probablemente al hecho de emplear ese mismo subtítulo en otro poema de la sección tercera: *Te removía, noche.* La palabra *amor* en la corrección del verso 15 y en el verso 19 está señalada con una marquita para hacer resaltar la repetición.

*** Otro poema a la madre, cuya muerte presiente cercana. Habla de paseos lentos con ella, como por el muelle de la vida, en espera del barco que ha de llevársela (a la muerte). Habla de la paz de esos días, paz antigua, la paz de los viejos días al lado de la madre. Para ella, el poeta quisiera colmar de belleza esos días últimos. Y quisiera también que al regresar a casa de este paseo de hoy (andando despacio, como hacia la muerte) su madre se sintiera feliz, contenta de él, deseosa sólo de dormir bien, a la luz pura de los buenos recuerdos. (Apunta en este poema, como en otros ya comentados, algo así como un remordimiento por la soledad de la madre —sin él, sin su hijo— en los últimos años de su vida, en Moguer). (Para los vv. 26 y 29, cf. poema 61).

72 . *Baja a la nada, con mi amor,*
*   *P,* núm. 107; *T,* núm. 499.
3 orilla a *P T* / 4 sonriendo distraída *P T.*
**   4 sonriendo, feliz, entre las flores [Ap.] / 7 rosas de [Ap.] / tiernas de [Ap.].
Otra variante, también para *apéndices,* afecta a la ordenación de los versos 6 y 7, que quedarían así dispuestos:

> entre las florecillas frescas
> de sol poniente.

La razón de este posible cambio parece haber sido eliminar la asonancia final de los versos 5 y 6, como parecen indicar las marquitas puestas sobre las palabras *desasida* y *florecillas.* Pero es posible, porque es un efecto buscado y conseguido por Juan Ramón en otras ocasiones, que también le haya seducido la idea de abreviar el último verso, que, así reducido, dramatiza el efecto significante del sintagma *de sol poniente.* El tono del poema cambia con uno u otro final: más suave con el texto original, más dramático con la variante. Quizás por eso acabó Juan Ramón eligiendo la primera redacción, más en armonía, creo yo, con la intención del poema. Se señala también la repetición en las palabras *amor* (verso 1) y *amorosa* (verso 5).
Orijinal. Meditada.
*** Otro poema sobre la muerte inminente de la madre, a quien el poeta quisiera ayudar a bajar a la nada, a la muerte, sonriente, feliz y distraída por la belleza de la tarde.

73 . *Cómo se agarra lo inmortal*
    *   *Inédita.*
    **   2 que se va; [Ap.].

Buscando —y logrando— mayor sencillez se han suprimido varios signos de exclamación y varias comas; también se ha suprimido la exclamación ¡ay! que aparecía en los versos 2 (también en su variante) y 7.
Orijinal. Meditada.
***   Cuando lo mortal (el cuerpo, lo perecedero) se va, emprende el vuelo, camino de la muerte, lo inmortal (lo que llamamos inmortal, espíritu) se agarra a lo mortal (resistiéndose a la separación), y vuelan juntos, unidos inseparablemente en el último vuelo. Y en ese viaje, por sobre las tierras que atraviesan en vuelo hacia la muerte (regiones con sombras de sol cerrado y fúnebre), lo inmortal va desprendiéndose de toda su invisible caudal de inmortalidad (o va perdiendo su fe en él, va abandonando su seguridad en la inmortalidad); porque ahora, en este vuelo final, el valor de ese caudal se pone en duda, aunque un día (día de olvidos egoístas, o interesados en el propio engaño) se le creyera oro de luz y eternidad.
Tres ideas parecen dar cuerpo al poema: 1) la resistencia del espíritu (lo llamado inmortal) a la separación del cuerpo (lo mortal); 2) la idea de que al final del vuelo hacia la muerte, lo inmortal (que se ha ido desprendiendo de su invisible y creído tesoro de inmortalidad, precisamente de todo aquello que lo hiciera inmortal y distinto de lo mortal) aparece hermanado en sustancia y pobreza con lo mortal. Usa la expresión "tesoro de invisibilidades" para contraponerlo a la realísima visibilidad de lo corporal y mortal; 3) la sospecha de que ese creído tesoro (oro de la inmortalidad) no tendrá valor al terminar el vuelo.

74 . *¡Breve definición la de la muerte,*
    *   *Inédita.*
    **   3 concluído.

Las palabras *terminado* (v. 3) y *nada* (v. 4) llevan una marquita para señalar, probablemente, la proximidad de ambas terminaciones (el partitivo *ado -ada*). Esta debe de ser la razón para la variante *concluído* (v. 3).
En la cabecera, la anotación *o La Muerte,* como libro posible para incluir el poema.
***   La muerte es el fin de todo. Las invenciones del espíritu en

contra de esta irremediable verdad son pobres consuelos para el que queda, sin ningún valor para el que se fue.

75 . *¡Libro terrible —¡muerte!—*

    *   *Inédita.*

    ***   La muerte es un libro terrible, y terrible, el momento en que hay que aprenderlo.

76 . *En ninguna parte ya*

    *   *Inédita.*

    **   2 a comer / 4 "¡Qué bueno / 8 apenas te digo:
Al pie, la fecha 1911, año —hay que entender— de composición del poema en su original redacción. El texto que manejamos es copia posterior, como vemos por la letra (mecanografiada y manuscrita).

    ***   La muerte en este poema es la muerte personal de la madre, sentida y temida como separación definitiva.

77 . *Pongamos estas rosas con raíz y tierra,*

    *   *Inédita.*

    **   El poeta ha pensado y después descartado la posibilidad de destinar el poema a *Piedra y cielo*. Después, ha meditado también su posible inclusión en *La muerte*.

    ***   Un homenaje *entero* (rosas con raíz y tierra, no lágrimas ni rezos, cosas incompletas, sólo de "alma" o de "cuerpo") para una madre *entera* (la que está en el recuerdo, la sola entera y fiel a la que era, no su cuerpo entregado a la tierra, ni lo que se llama alma, separada y sin el cuerpo). Es poema anterior a la muerte de la madre, y tal vez no escrito originalmente para ella.

78 . *¡Y si el recuerdo*

    *   .*Piedra y cielo*, I, núm. XVIII; *Segunda Antolojía Poética*, núm. 477; *T,* núm. 407.
Las tres versiones coinciden en las siguientes variantes con respecto a nuestro texto: Título. A la vejez amada / 1 ¡Ay, si / 2 mí, fuese / 5 ¡De mis actos iguales, como ellas; todos puros, [*omite diferentes*] / 6-9 limpios, buenos, tranquilos, igual que las estrellas! / —¡Debajo, tu sonrisa en sueños / ⸗sueños de tus recuerdos de mi vida!—

    **   El texto que poseemos, claramente posterior a *Piedra y cielo*, parece corresponder a una redacción tardía. (Seleccionado, véase cabecera, para un volumen de *Verso desnudo escojido*). En v. 8 suplo la puntuación, que falta, con una coma.

*** Como en el núm. 61, el tema de este poema es la preocupación del poeta por los recuerdos que su madre tendrá de él, recuerdos que él quisiera fuesen todos felices y bellos.

79 . *¿Qué ser de la creación sabe el misterio,*
     *   Publicado en *B*, núm. 59.

La versión de *Belleza* presenta varias diferencias con nuestro texto, a lo largo de casi todo el poema, empezando por el título mismo. Será, por eso, mejor reproducirla íntegramente.

POSPRIMAVERA

¡Qué ser de la creación sabe el misterio;
el pájaro, la flor, el viento, el agua?
¡Todos están queriendo decirme lo inefable,
—sólo verdad en la alegría
del alma con su carne, tan gozosas
de esperar, sin cansancio y sonriendo,
esta promesa múltiple de amor
inmenso e impotente,
alba eterna ═y mejor
en su imposible afán═ de un ¡pobre! día,
... que no se abrirá nunca!—

**   5 del alma y de la carne, [Ap.].
Orijinal. Meditada.

***   Hay hoy en la creación una alegría y un gozo que parecen esconder un conocimiento del misterio del existir y una seguridad en la promesa de una futura eterna primavera... Una primavera, concluye Juan Ramón, y pocas veces fue tan tajante, que no llegará nunca. (La versión de *Belleza* es mucho más explícita —lo es con exceso—, ya desde el cuarto verso. Y el efecto final se pierde; los puntos suspensivos del verso final resultan inútiles).

80 . *¡Necio yo! ¿Cómo*
     *   *B*, núm. 78.
     **   2 esta pobre palabra mía, / 4 mis espresiones vanas / 6 ninguna alondra falsa [Ap.] / 7 podrá alcanzar con un espejo? [Ap.] / podrá alcanzar en un espejo turbio? [Ap.].

El poema fue escogido como poema final de *A la vejez amada,* o sea, la segunda parte de *La realidad invisible.* Con tinta, Juan Ramón escribió la indicación y después un *sí* confirmatorio, y encima del título escribió su característico *y* final.

Orijinal. Meditada.

*** Cualquier intento —dice el poema— de llegar al misterio de la muerte, al misterio que guardan —sin que nadie lo haya dicho jamás— las almas de los muertos, es un intento necio y vano. Imposible es que mi palabra ("pobre palabra" dice una variante del ms., en una confesión de impotencia y también de modestia, no frecuente en esta época de Juan Ramón) pueda iluminar los espacios interiores de las almas de los muertos, que son ya todo luz, luz verdadera e inigualable, la luz de la aurora única verdadera (la de la muerte).

Hay mucho de platonismo en esta aurora una, sola verdadera y sola con luz propia, como una aurora-idea, de la cual las demás auroras o intentos de alumbramiento serían sólo reflejos y copias defectuosas. (Las variantes del manuscrito *alondra falsa* y *espejo turbio* siguen insistiendo en la idea de impotencia y oponiéndose a aurora verdadera, toda luz e inalcanzable). Y el poema termina en una exclamación, que conviene con el resto del poema y que puede entenderse como dentro de la tradición ascética y mística: felices ellos, pobres de nosotros (aunque Juan Ramón dice "felices ellos, necio yo", volviendo a su confesión de impotencia y afirmando la vanidad de su intento. Ahora bien, ellos son ahora felices *en su mudez, en su sordera pura,* lo que puede entenderse como reafirmación de la incomunicabilidad entre vivos y muertos, o como una identificación de la aurora con la nada.

81 . *Te removía, noche,*

    *   *Inédita.*

    **   1 noche, con mi mano, / 4 y sentí / 5 que se puso en / que se posó en / 8, 9 que despedía / aquel / 10 ¡Ninguna estrella ya / 10 + 11 ¿Qué estrella eras tú, mano? [Ap.] / ¿Qué estrella eres tú, mano? [Ap.].

Meditada.

*** Habla el poeta de insistente —y amoroso— luchar con el misterio infinito de la Belleza, simbolizado en la Noche. (Esta noche no es, como en San Juan, noche oscura *del alma,* vía o estadio del alma en su acercamiento a la contemplación y posesión de Dios;

sino que es la Belleza misma en su misterio, o sea el objeto mismo de la contemplación y de la búsqueda; pero la *afinidad mística y poética* con San Juan, en éste como en otros poemas, es evidente). Una noche —dice el poeta—, tocó una mano fina, que correspondió al tacto ... Entonces, al encanto de aquel tacto bello y misterioso —sigue diciendo con exaltación— casi *lo* vio, todo, el misterio total perseguido en tantas y tantas noches. Desde entonces —concluye el poema— después de entrevista la Belleza absoluta, nada de lo visto bello le satisface. El poeta no aclara ni puede aclarar a quién o a qué correspondía la mano que tocó; el toque dulce (otra vez nos viene el recuerdo de San Juan), que sólo dura un instante, no desvela el misterio. Para acentuar el misterio y la altitud y belleza de la mano, Juan Ramón la llama *estrella,* o más exactamente, se pregunta si la mano era estrella. (En una variante del manuscrito la pregunta es más afirmativa: *¿Qué estrella eras tú, mano?*).

82 . *Su callar era el mar,*

*   *P,* núm. 5; *T,* núm. 452.

**   *Título.* Visión de costa matinal / Soledad [Ap.] / Soledad matinal [Ap.]. (*No resulta claro si estos dos últimos están sugeridos como títulos o subtítulos*). 1 Su mudez / 4, 5 en vez de sombra / tendía luz sobre la arena de oro [Ap.] / la yerba de oro [Ap.] / el yerbal de oro [Ap.].

Existe en Puerto Rico otro texto de este poema, destinado al parecer a Juan Guerrero; en una nota, se llama su atención sobre la palabra *ser* del tercer verso; por la nota se deduce que Juan Guerrero estaba interesado entonces en la función de la idea de *ser* en la poesía de Juan Ramón.

Orijinal. Meditada.

***   El poema se llama "Visión de costa", y hay que entender esto como visión *desde* la costa, tierra *límite* del contemplador. ¿Qué ve desde ella el poeta? El poeta asiste al esfuerzo de un día pugnando por nacer, pero lo que ve, o mejor, lo que no ve (el día que ve es el que aún no es), se convierte en símbolo de una realidad trascendente; una realidad que es como una gran nada, toda hecha de grandes huecos: mudez, ceguera, no ser. El mar mudo, el cielo ciego y el día que quisiera ser y no es son para el poeta símbolos de una realidad invisible buscada y anhelada (suma belleza o un dios símbolo de su ansia de infinito) que es ahora sentida en su no-estar; desde el sentimiento menesteroso del poeta. Pero, aun así, la sombra que esa gran ausencia esparce no está hecha de sombra, sino de luz. (Hermoso final que deja sin precisar si la luz se debe a virtualidad propia de lo anhelado —aun no siendo— o del anhelar, o de ambos).

83 . *¡Ésta es mi vida, la de arriba,*
     *   Publicado por primera vez en "La realidad invisible (1917-1919) (Libro inédito)". *España* (Madrid), año VI, núm. 287 (30 de octubre de 1920), p. 9. Recogido en *P,* núm. 66; *C,* núm. 376; *T,* núm. 481.
    Título. Vida y libertad *C.*
    ** 1 ¡Sí! ¡Esta / 5 ¡Sí! ¡Esta / 6 agua yerta / 7 remover la. Orijinal. Meditada.
    *** Profesión de vida y fe, se podría llamar este poema, en donde su autor reclama para sí el derecho y la libertad a todas las aventuras posibles e imposibles, todas ellas altas y libérrimas. Precisamente en ellas consiste su vivir y su hacer. Su vida se define *por* ellas.

84 . *Poder, que me utilizas,*
     *   Fue primero publicado en "De 'La realidad invisible'". *Hermes* (Bilbao), núm. LVI (febrero de 1920), p. 80. Después se publicó en *P,* núm. 63.
    **   2 (La palabra *medium* ha pasado a ser dudosa, mediante una marquita de interrogación) / 4, 5 vencerte, / he de / 7 he de saber, un día, lo que digo! [Ap.].
    Una nota al pie [*Hermes,* 3.] indica la selección de este poema para la revista bilbaína.
    Orijinal. Meditada.
    *** Profesión de fe poética de raíz platónica y romántica. Con ella, muestra Juan Ramón su comunidad con los grandes simbolistas y su lejanía respecto a la poesía hiperconsciente y cerrada en sí de la *actitud pura* (Paul Valery: "Me gustaría infinitamente más escribir con plena conciencia y entera lucidez algo endeble que engendrar a favor de un trance y fuera de mí una obra maestra de las más bellas", *Variétés II, Lettre sur Mallarmé).*

85 . *¿Adónde, nubes del ocaso,*
     *   *B,* núm. 32; *C,* núm. 355.
    Título, Canción espiritual *B* / La fuga *C.*

En la versión de *C* se han introducido dos estrofas intermedias entre la primera y la última. La canción dice ahora:

> ¿Adónde, nubes del ocaso,
> con esa breve luz, adónde?

> Mi tristeza se esconde,
> carne gris terrenal,
> en las pálidas flores.

> En las cálidas flores,
> alma loca inmortal,
> mi alegría se esconde.

> ¿Adónde, nubes del poniente,
> con esa luz eterna, adónde?

** En otra copia de este mismo texto, se ha escrito también el título de otro libro, *En la rama del verde limón,* para considerar la inclusión del poema en uno u otro libro.
Orijinal. Meditada.

*** Una pregunta que, con diferentes matices y actitudes, aparece insistentemente en la poesía de Juan Ramón por estos años, suscitada por la visión de los espléndidos ocasos madrileños. A veces, hay tras la pregunta como una queja de desterrado: la luz se va a su lugar de gloria y eternidad, mientras queda aquí el poeta sin acceso posible a él. En el poema que ahora comentamos la pregunta se hace dos veces, con un importante cambio de matiz la segunda vez, que convierte a la segunda pregunta en réplica de la primera. La *breve* luz del ocaso, se concluye afirmando ahora triunfalmente, es una luz *eterna.* El poema es un canto —una *canción,* dice el título— a un esplendoroso ocaso, pero tras el canto concreto del poema se vislumbra el interés personal del poeta por esa seguridad de eternidad que en él triunfalmente se afirma.

86 . *¡Vida mía, ardiente ámbito,*
    * Apareció primero en "La realidad invisible (1917-1919) (Libro inédito)". *La Pluma* (Madrid), año II, núm. 11 (abril de 1921), p. 213. Recogido en *P,* núm. 106; *C,* núm. 343.
Título. Como la rosa *C* / 2 que te dilatas, te intimas *C* / 3 (corazón *C* / 4 que quieres tenerlo todo *C* / 5 su carne rítmica), *C* / 6 por cojer, como la rosa, *C.*
  ** *Título.* Pompa / 4 que quiere tenerlo todo [Ap.] / que ansía tenerlo todo [Ap.] / 7 dentro la / toda la.

Orijinal. Meditada.

*** Dos fuerzas halla en sí, en su vida, el poeta. La ve lanzada ávidamente a encerrarlo todo; y al mismo tiempo, y con igual avidez, a la libre persecución de la realidad múltiple infinita. Con lo que la vida, en su esfuerzo por abarcarlo todo, tiene que dilatar continuamente sus fronteras para abarcar también, *en su libertad,* ese impulso incesante de sí misma de llegar cada vez más allá. Un impulso doble de libertad y posesión que lleva a una expansión incesante y eterna.

87 . *¡Cómo, cantando, el pájaro,*

* P, núm .13; T, núm. 457.

5 —y ¡qué *T* / chorrea!— *T.*

** 5 gotea—, [Ap.] / sangre melódica chorrea—, [Ap.] / 7 sin fondo! [Ap.].

La asonancia entre las palabras *chorrea* y *vuelta* (finales de los versos 5 y 6) está señalada con sendas marquitas.

Orijinal. Meditada.

*** Disyuntiva, tantas veces expresada en la poesía de Juan Ramón, entre dos impulsos del alma: uno atraído por la altura (por el cenit aquí, símbolo del misterio infinito y sin retorno), y otro que no renuncia a estar en la tierra. Pero lo peculiar de ese poema es el sentimiento de gozosa entrega a ambos polos de la disyuntiva.

88 . *La ofensa que me has hecho*

* Publicado primero en "La realidad invisible (1917-1919) (Libro inédito)". *La Pluma* (Madrid), año II, núm. 11 (abril de 1921), p. 211. Publicado después en *P,* núm. 55.

9 inconsciencia *La Pluma* P.

** 3 —¡el nubarrón estacionado!— [Ap.] / 8 ¡Parece / 9 en mi impotencia [Al final de este verso ha escrito Juan Ramón un signo de trasposición, pero sin precisar cuál, en su intención, sería el nuevo orden de la frase. El cambio parece sugerido para eliminar la consonancia entre las palabras *insistencia,* del verso 5.º, e *inconciencia,* de este verso 9.º; consonancia que desaparece con cualquiera de estas ordenaciones: *que, en mi inconciencia, mi secreto lucha* o *que mi secreto, en mi inconciencia, lucha.* Lo que ocurre, en uno u otro caso es que, ahora, la palabra final *lucha* se repetiría dos versos más adelante, en el 11.º: *¡que medio yo enterrado, lucha.* Quizás, debido a esta nueva dificultad, Juan Ramón decidiera dejar el verso 9.º en su disposición original. Por último, cabe aún otra

ordenación, que resolvería ambos inconvenientes: *que lucha, en mi inconciencia, mi secreto*]. La palabra *lucha,* en ambos versos, 9 y 11, aparece señalada con la consabida marquita, para indicar la repetición. También aparecen señaladas, por las razones ya apuntadas, las palabras *insistencia, inconciencia* e *impotencia.*
Orijinal. Meditada.

***   Alude el poema al efecto (triste, insistente) que los malos sueños dejan en el ánimo, y que persiste aún después que la conciencia los ha registrado como sueños. El tema es una vez más *una realidad invisible.* Podría, por supuesto, el sueño aludido (un sueño muy concreto) haber consistido realmente, como dice el poema, en una ofensa de *ella* (y se podría conjeturar que *ella* es Zenobia, aunque esto no pasaría de ser una posibilidad), ofensa irreal y soñada, pero de efectos realísimos. El poema concluye tratando de explicar esos efectos; y lo hace recurriendo a una analogía: parece, dice, que mi secreto (la ofensa soñada) lucha con tu misterio (el misterio de *tu estar en el sueño*), una lucha que escapa a mi control.

89 .   *Las cosas dan a luz. Yo*
*   *B,* núm. 100; *C,* núm. 151; *Vc,* p. XXIX.
Título. Casamiento *C Vc* / 3 arcoiris *Vc.*
**   1 luz. Dulce, / En otra copia del mismo texto, que lleva en la esquina superior derecha el signo *D.* (Duplicada), se ha señalado con sendas marquitas la repetición de la forma verbal *dan,* en los versos 1.º y 3.º
Meditada.
***   La poesía —los poemas— nacen del amoroso contacto del poeta con los objetos de la realidad externa. (No es, pues, la suya poesía de encierro, elaborada en el recinto del propio yo y con los elementos que ese recinto, por rico que sea, se baste a proveer; es poesía que necesita del mundo, de la realidad externa, para ser). El poeta pone el amor fecundante.

90 .   *La mariposa*
*   *P,* núm. 124; *T,* núm. 506.
5 en lo amarillo un punto eterno del jardín—, *P T* / 6 amor por *P T.*
**   *Título.* Rincón de luz [Ap.] / En una variante anotada al pie de la página, y destinada a los *apéndices,* los tres últimos versos aparecen cambiados así:

en el oro, un instante, eterno,
como el alma, en ausencia
de amor, por los recuerdos.

Orijinal. Meditada.

*** La contemplación de una mariposa, volando de una en otra flor, le sugiere al poeta la comparación con el insistente, eterno detenerse enamorado del alma en los recuerdos. (Detención breve pero eterna por incesantes ambas, la del alma, de recuerdo en recuerdo, como la de la mariposa, de flor en flor).

91 . *La tierra se quedó en sombra,*

* Apareció por primera vez en "La realidad invisible (1917-1919) (Libro inédito)". *La Pluma* (Madrid, año II, núm. 11 (abril de 1921), p. 212. Recogido después en *P*, núm. 20; *C*, núm. 140; *Vc*, p. XXIII.

Título. La puesta *C Vc* / 1 sombra, *C Vc* / 2 granas las nubes ardían. *C Vc* / Y yo *C Vc*.

** 2 las altas nubes ardían; [Ap.] / altas, las nubes ardían; [Ap.] / 4 que te ha de partir un día. [Ap.] / que ha de dividirte un día. [Ap.] / que nos separará un día. [Ap.].

Orijinal. Meditada.

*** Una copla. La idea de la muerte sugerida por un crepúsculo. El espectáculo de la tierra, en sombra ya, contrastando con las nubes ardiendo en el cielo con luz de sol poniente, hace pensar al poeta en el momento de la muerte: quedará entonces el cuerpo muerto, en sombra, como la tierra, mientras lo otro (lo que se va) habrá sido arrebatado al lugar misterioso de la muerte, como el sol de la puesta.

92 . *Fué lo mismo*

* *P*, núm. 40.

** 3 cuando se apaga todo, de repente, / 4 en nubes de / 6 afanes májicos, que / 10 luz pobre / 13, 14, 15 *Hay tres posibles variantes a estos tres versos, a saber*:

sinrazón de esta cándida hermandad
de muerte y vida

sinrazón de la vida y de la muerte.

sinrazón de la muerte y de la vida.

Meditada.

***   El poema no dice *qué fue* lo que despertó en el poeta el hondo sentimiento que reflejan sus versos: sólo dice que *fue lo mismo que* ... Pero con esa analogía nos da a conocer que aquello fue para el poeta una gran pérdida, una profunda frustración; impresión que se enriquece y precisa en la segunda estrofa con dos nuevas comparaciones. Cuando hacia el final del poema aparece una referencia a la muerte, creemos comprender lo ocurrido (*lo que fue*) y la raíz de ese sentimiento de frustración. Podríamos imaginar así lo ocurrido: Encontrábase el poeta con el ánimo en un momento de plenitud y alegría, sintiéndose inmortal, u olvidado de la muerte, cuando, de pronto, le asaltó un sentimiento de muerte y temporalidad. Aquel primer estado de ánimo se derrumbó, y con la fea evidencia de la realidad irremediable entró la tristeza y la decepción. El poeta intentó rebelarse contra el pensamiento. Vio lo absurdo de esta extraña convivencia del hombre con su vida y con su muerte (con ambas convive mientras vive). Pero, por supuesto, la condición humana es incambiable: y el poeta se resigna a su ridículo ser doble de vivo y muerto, y a su estar para —en espera de— la muerte.

93 .   *Esa nube morada,*

*   *Inédita.*

**   El texto incluye variantes, destinadas todas a los *apéndices*: 2 que el sol poniente / 3 mi oscuro corazón / 3 mi negro corazón / 4 que tu amor que se fue / 4 que el amor que se fue.
Al pie de la página, las palabras *o Fuego y sentimiento,* escritas entre paréntesis, indican que Juan Ramón consideró la posibilidad de incluir el poema en este libro, uno de los antologizados en *Poesía* y *Belleza.*
Orijinal. Meditada.

***   En muchos poemas nos ha dejado Juan Ramón, gran contemplador de ocasos, la expresión de un sentimiento de tristeza, y frecuentemente de frustración, ante el espectáculo del crepúsculo. La idea, repetida con distintos matices, es siempre la oposición entre la luz radiante que se va a su infinitud (a su eternidad, como dice en el poema 107 de este libro) y el abandono y la tristeza del poeta, que aquí se quedan. En el poema que ahora comentamos vuelve a aparecer el mismo tema, el mismo sentimiento insistente. Pero aquí el tema está visto desde el plano cordial. Hay una nube morada (real) en el cielo, traspasada por la luz del crepúsculo, y el poeta siente como si esa nube fuera (quizás) su corazón lleno de tristeza, traspasado por el amor de esa infinitud (tan amada de él) que, con la luz del sol, se aleja de la tierra.

94 . *Arbol que traigo en mí, como mi cuerpo,*

* Publicado primero en "La realidad invisible (1917-1919) (Libro inédito)". *La Pluma* (Madrid), año II, núm. 11 (abril de 1921), pp. 211-212. Recogido más tarde en *P,* núm. 80.
7 cómo.

** 1 traigo dentro, cual mi cuerpo, [Ap.] / 4 melodía, ritmo. Orijinal. Meditada.

*** El poema se llama vuelta, y habla, en verdad, de un volver. El poeta ha vuelto del jardín, y ha traído consigo su belleza, la belleza del árbol del jardín y de su agua, que, ahora, en el interior de la vida del poeta siguen cantándole y encantándole. Y lo mismo que el movimiento del árbol y el agua en el jardín era abrirse y cerrarse, cogiendo —con las ramas y el reflejo en el agua—, y dejándolo ir, alternativamente, el infinito del cielo, así ahora el movimiento continúa rítmico y melodioso en el poeta.

95 . *¿Te cojí? Yo no sé*

* Publicado en "Diario vital y estético de 'Belleza' (1917-1923)". *España* (Madrid), año IX, núm. 396 (17 de noviembre de 1923), p. 6. Y en *B,* núm. 42; *C,* núm. 133; *Vc,* p. xx; *T,* núm. 528. *Título.* Grácil *C Vc.*

** El manuscrito ofrece dos variantes, para los *apéndices:*

¿Te cojí? Yo no sé
si te cojí la sombra,
o si te cojí.

¿Te cojí? Yo no sé
si te cojí, pluma suavísima,
si te cojí la sombra.

Orijinal. Meditada.

*** No se nombra el objeto aprehendido (posiblemente aprehendido); se le da a conocer por sus propiedades: sutileza, levedad, delicadeza, vaguedad..., cualidades sólo sugeridas para mejor aludirlas, mediante la pregunta (*¿Te cojí?*), la comparación (*pluma suavísima*), y, sobre todo, la duda confesada (si fue la cosa *o su sombra* lo aprehendido). La duda se refiere a la posibilidad de aprehender y expresar (con exactitud) la realidad, o las intuiciones, emociones y sensaciones surgidas al contacto de ella.

96 . *¡Qué desclavarme constante*
    *   *B,* núm. 113; *T,* núm. 563.
    3 éste *B T* / 6 inestinguible, *B T.*
    **   1 descolgarme / descolgarse / 2 mi alma / 9 con el corazón vaciado.
    Orijinal. Meditada.
    ***   El poema dramatiza la entrega total del poeta a las cosas, a la múltiple realidad que solicita su atención. Pasar a *otra cosa* es como un desclavarse de lo anterior, yendo a lo otro pesaroso, sangrante... y sonriendo; con el corazón vacíado... para poder llenarlo de lo nuevo. Y es este un ajetreo constante.

97 . *¡Quién te cojiera, vida, ese pequeño*
    *   *Inédita.*
    **   Hay una variante, al margen del verso 6.º, que introduce la palabra *cielo,* pero no resulta claro dónde hay que incluirla. La poesía estuvo destinada primero a *Piedra y cielo;* después, definitivamente, a *La realidad invisible.*
    ***   El deseo que este poema expresa —con hermosa gracia andaluza al final— es el deseo de cogerle a la vida su ser más íntimo, verdadero y revelador: su *nombrecillo eterno.*

98 . *¡Ay, mañana, mañana,*
    *   Publicado por primera vez en "La realidad invisible (1917-1919) (Libro inédito)". *La Pluma* (Madrid), año II, núm. 11 (abril de 1921), p. 212. Recogido después en *P,* núm. 85.
    **   6 eterno, sin igual conquista! [Ap.] / 8 echada, clara, de nosotros, negros, por la tarde, [Ap.] / 8, 9 echada de nosotros por la tarde, / clara, con pureza de madre, [Ap.].
    Llevan sendas marquitas, para señalar su repetición, las palabras *sólo* (v. 2) —*solas* (v. 10), y *pura* (v. 3) —*pureza* (v. 9).
    Orijinal. Meditada.
    ***   El poeta pide que aquella *matinalidad* de espíritu (ilusión, amor a lo bello, emoción...) que tuvo su infancia, y sigue teniendo su madurez, no le abandone nunca. El morir será luego, a la tarde, como echar una sombra clara, nacida de nosotros amorosa-

mente sobre el oculto prado de la muerte. Pide así el poema que mientras haya vida, haya *mañana*. Y al final, como tantas veces, el poema trata de anular la muerte, o más bien lo temeroso de ella.

99 . *El olor de una flor nos hace dueños,*
   *   B, núm. 76; T, núm. 544.
   Título. Amor *BT* / 13 de luz y aire *BT.*
   **   Las correcciones a lápiz hechas sobre el texto en tinta y lo que el poeta ha respetado de ese texto constituyen el borrador original de la versión de *Belleza.* Para interpretar las correcciones y adiciones y reconstruir la redacción definitiva nos hemos ayudado con el texto de *Belleza;* sólo dos variantes con respecto a éste han quedado: el título, que en el ms. fue *Ellos* y después se tachó, y el orden de palabras anotado del v. 13. Quedan algunas palabras en el ms., que, aunque no tachadas, no las aprovechó el poeta. Las marquitas en las palabras *vida* e *instante* advierten sobre su repetición, que se ha tratado de evitar. La posibilidad de incluir el poema en otro libro, *Fuego y sentimiento,* se señala en el ángulo superior derecho.
   ***   Hay momentos de amor o de belleza en nuestra vida, que, por un instante —mágico, de plenitud e intemporalidad— nos hacen reyes y señores de ella.

100 . *Un escalofrío leve,*
   *   *Inédita.*
   **   Para incluir este poema, además de en *La realidad invisible,* Juan Ramón pensó en *Baladas de primavera* y en *Primeras poesías,* títulos éstos de volúmenes o secciones de su *Obra completa.*
   ***   Los versos reflejan una sensación leve, repentinamente sentida por el poeta, reacción inconsciente al ponerse el sol al regreso de algún paseo por el campo: una sensación de muerte. El poeta la expresa identificando el sol perdido con su corazón, y el campo desierto y muerto con su cuerpo.

101 . *Hemos sido, seremos.*
   *   *Inédita.*
   **   2 , pero ¿cuándo somos?
   ***   Inaprehensibilidad del tiempo, fugacidad del instante, que apenas es, ya ha pasado.

102 . *Barquitos de ilusión en cualquier agua,*
*   *Inédita.*
**   11 que ya no espera más.
La estrofa 3.ª ha sido añadida al texto con posterioridad; primero, con intención de reservarla para los *apéndices;* después, ya incorporada al texto definitivo.
Juan Ramón incluyó primero el texto en *La realidad invisible;* después pareció decidirse por *Unidad;* más tarde, quizás tras agregar la tercera estrofa, parece que pensó incluirlo en *La muerte* (título escrito con trazo ligero hacia la mitad de la página). En la *Sala Zenobia-Juan Ramón* de Puerto Rico, la hoja estaba incluida entre los papeles de *La realidad invisible.*
***   Desde niños, la muerte está presente en nuestros juegos (juegos infantiles que llevan en sí como símbolos de muerte). La muerte —madre amante— contempla sonriente nuestros juegos. A veces, no espera a que nos hagamos hombres, y nos lleva con ella.

103 . *¡Si fuera yo como un lugar*
*   *B,* núm. 93; *T,* núm. 552.
Título. Latitud *B T* / 2 olas; *T* / 4-5 *en B T se ha añadido un verso, intercalado entre estos dos, que dice:* dudoso y cierto, / 7 preso *B T* / 8 —otro y el mismo siempre, *B T.*
**   He tenido a la vista dos textos, el que reproduzco (*ms. A*), y otro (*ms. B*). Aquél me parece posterior: el verso 1 ha sido variado, desde una redacción que coincide con *ms. B* a su versión definitiva, aceptada en *Belleza.* Sin embargo, en *ms. B* viene la indicación de que el poema pertenece a la *parte tercera* del libro; y, anotado al pie de la página, con trazo débil, aparece sugerido el título *Mar ideal* para el poema.
1 ¡Si fuera mi vida como un lugar *ms. B* / 2 del mar y el cielo *ms. B* (como variante).
Meditada (en ambos ms.).
***   Ser él y siempre él, siempre el mismo, y siempre otro, siempre cambiante, es lo que pide en estos versos el poeta. En este deseo, ¿qué es más fuerte?, ¿el deseo de ser distinto y múltiple, o el de permanecer el mismo bajo la multiplicidad de los cambios? Ser eterno, pero con la eternidad viva de un universo, con sus nubes, con sus olas en eterno cambio y movimiento, parece ser la solución.

104 . *Ahogado en el perfume de las rosas de la orilla,*
    *   *Inédita.*
    **   *Título.* Nocturno romántico. [Creo que el otro título, *Mar ideal,* que lleva una marquita, ha sido el preferido] / 1 rosas de la playa,.
En la última estrofa se han intercalado tres versos detrás del 2.º
La palabra *inmenso* (tan usada en este libro) se ha señalado con una marca (verso 9.º), aunque después sólo aparece (dos veces) el adverbio *inmensamente* (versos 12 y último), y no se le ha señalado.
En un principio, el tema se destinaba a *Piedra y cielo* (a su sección segunda: *Nostaljia del mar).* Por fin, se incluyó en *La realidad invisible.*
    ***   El poeta se encuentra a la orilla del mar, en la playa iluminada por la luna (punta de tierra, blanco brazo tendido ...). Desde ella, el poeta, que espera y ansía, asiste al encontrarse y fundirse del mar (alma material del infinito) y de la tierra (o mejor dicho, del *alma inmaterial de la vida* que el poeta, probablemente influido por la luz deslumbrante de la luna, imagina que sale de la orilla para ir al encuentro amoroso del mar). Pero él se queda afuera, contemplando la unión de las dos almas (vida e infinito), triste, ignorado y ávido, mientras con todos los sentidos abiertos y expectantes se esfuerza por vislumbrar el gran secreto. Inútilmente. El poeta se declara enamorado de la vida, pero el infinito se interpone entre ambos.

105 . *Parecías,*
    *   *Reflector,* 1 (1920), p. 3; *P,* núm. 30.
3 sol tras / 12 sangrante—, / 17 venir.— [La falta de signo de exclamación se debe indudablemente a un error editorial].
    **   Se conservan varias copias de este poema, todas coincidentes en el texto. La más interesante es la que reproducimos, por presentar algunas variantes y anotaciones.
12 luz equívoca [Ap.] / luz chorreante [Ap.] / 15 desconocida aún de mí [Ap.].
Están señaladas, como repetidas, las siguientes palabras: *parecías* v. 1), *parecía* (vv. 14, 15); *rojo* (v. 4), *roja* (v. 12); *chorreantes* (v. 4), *chorreante* (v. 12 variante).
Meditada.

*** El tiempo (pasado, presente, futuro) y dos realidades (mujer, crepúsculo) se funden en la conciencia y sensibilidad del poeta en este poema de bella y luminosa visualidad. Ella (esa mujer, "apasionada y aún iracunda") semeja, *le parece* al poeta, "una puesta de sol tras la tormenta" y despierta en él el deseo de hallarse ante un crepúsculo parecido a ella. Dice el poeta: *nostaljia,* porque él, enamorado espectador de ocasos, echa de menos en ese momento su belleza. E intercala: *¡éste!,* porque equipara inmediatamente ambas realidades, la mujer y el crepúsculo. Y recuerda entonces haber alguna vez presenciado un crepúsculo (glorioso, terrible) que parecía una mujer, y haber sentido entonces nostalgia (deseo) de una mujer parecida a él, a ese crepúsculo. E intercala: *¡tú!* porque ahora se da cuenta de que esa mujer entonces deseada es *ella,* la mujer presente. (Esta sinestesia —a veces de sentido erótico— de sensaciones, de símbolos y realidades la hemos encontrado ya otras veces en este libro: crepúsculo - muerte - mujer - infinito ... Es muy característica en la poesía de esta época de J. R. J.).

106 . *La tarde de mi espíritu,*
   *   *B,* núm. 98; *T,* núm. 556.
   8 helada, *B* / 9 (ya la entrevista luna violeta), *T* / 12 alma, recojida *B T* / 17 árboles —no secos— *B T.*
   **   10, 11 tras las hojas escasas, a un rápido / sol de oro.— / 12 del pecho, quietecito / 14 de la nostaljia, / 17 + 18 sobre los irreales árboles desnudos.
   Meditada.
   *** De pronto encontrándose el poeta en un pobre y frío estado de espíritu (tal vez de depresión o sequedad), sintió algo extraño y luminoso dentro de sí, un especial estado de alma que pasa a expresar. Se sentía —dice— como ausente y temeroso; y explica por vía de analogía: como un pajarillo que temblara en el frío y el hielo, próxima ya la noche, y soñara con un momento de sol y calor. Y entonces, dentro del corazón lleno de nostalgia, y venciendo el frío actual del alma —concluye el poeta— sintió por un momento el latido de una hermosa y lejana primavera, un sentimiento joven, lejano ya, y espléndido. (El poema describe un proceso espiritual, reverso, en cierto modo, del que narra el poema 90).

107 . *¡Oh qué sonido de oro que se va,*
   *   *España,* 394 (1923), p. 5; *B,* núm. 41; *C,* núm. 361; *N,* p. 278; *T,* núm. 527.

Título. El oro eterno *C N* / 1 ¡Oh, *B T* / ¡O, *C N* / 2 que ya se va *B C N* / eternidad! *C N* / 3 ¡Qué triste nuestro oído de escuchar *C N. España* concide con *B.*

** 1 ¡Qué / 5 se quedará.

En la parte inferior se ha indicado la posibilidad de trasladar el poema a otro libro, *El silencio de oro,* después desechada, al parecer, con un *no* escrito sobre el título.

Orijinal. Meditada.

*** En este poema, como en tantos otros, el ocaso es sentido como símbolo de infinito y eternidad. El sol, al ponerse, va a la eternidad, y su luz, en ese mágico momento, vibra con música. El poeta oye esa música con nostalgia de infinito, y con tristeza, porque pronto dejará de oirla, y quedará sólo el silencio. (Una tristeza de desterrado esta que nos recuerda la de Fray Luis en su oda a la Ascensión).

108 . *¿Por qué este olor, mezclado*

* *B,* núm. 28.

Título. Luz / 4 radiante y.

** 1 ¿A qué / 3 tarde serena? / llega ya.

La asonancia de *serena* (v. 3 variante) y *venidera* (v. 4) está señalada con una marquita.

Meditada.

*** El poema expresa un hondo sentimiento de sensualidad unido a un sentimiento de intemporalidad. (En este último habrán colaborado probablemente la fuerza del sentimiento y el sosiego de la tarde). Lo que expresa en conjunto el poema es, pues, algo que podríamos llamar un sentimiento de sensualidad eternizada o de eternidad de la sensualidad.

109 . *¡Quién fuera como tú, secreto,*

* Publicado en "Diario vital y estético de 'Belleza' (1917-1923)". *España* (Madrid), año IX, núm. 396 (17 de noviembre de 1923), p. 6. Y en *B,* núm. 34.

** Bajo el texto del poema, unos versos escritos a mano con tinta por Juan Ramón, y destinados a los *apéndices,* parecen ser una estrofa continuadora del poema original. Dicen:

> ¡Secreto, envolvedor y envuelto
> de y por todo;
> totalidad sin fin,

hacia dentro, hacia fuera
del mundo; ¡joya única!

Orijinal. Meditada.

*** Es un poema al misterio, y muy posiblemente, como en otros poemas de este libro, al misterio secreto de la vida. Su condición de misterio, más allá de nuestro alcance, lo hace grande, por pequeño que sea.

110 . *Dormidos, nuestro cuerpo*

* B, núm. 114; T, núm. 564.,

** 3 alma arroja.

Al pie de la página, una redacción bastante variada, para los *apéndices,* dice:

De noche, el cuerpo
es el ancla
que el alma deja
en el fondo del mar de nuestra vida.

Orijinal. Meditada.

*** El título de este poema —Puerto— refleja una cierta satisfacción en la seguridad de retorno del alma al mar de la propia vida (puerto), tras el sueño: retorno, que el cuerpo-ancla permite y asegura. La no vuelta sería la muerte. (Véase, para comparar, el poema 110).

111 . *¿Y qué importa de todo,*

* B, núm. 99; T, núm. 557. *Título.* Nocturno / 1 ¿Qué te.

** 1 de nada / 6 nuestra oscura.

Meditada.

*** El hombre —dice el poeta, tratando evidentemente de levantarse el propio ánimo— tiene la capacidad de encontrar por sí mismo la ilusión o pasión salvadoras que le defiendan contra el dolor y la tristeza. El hombre es capaz de encontrar alegría y luz en el cielo negro e inmenso.

112 . *¡De noche, mientras duermo,*

* *Inédita.*

** 1 cuando duermo, / 3 sin ella, / 4 bella vida.

Aparece señalada la repetición de *cuando* (vv. 1 y 9) y la asonancia, creo, de las palabras *duermo* (v. 1) y *adentro* (v. 5). (En cambio, no se ha señalado la asonancia entre *vida* (v. 2), *día* (v. 7) y *arriba* (v. 10).

Meditada.

*** La actitud del poema frente al sueño, y la muerte, es muy distinta de la reflejada en el poema *Puerto* (núm. 108). Lo que domina en el poema presente es la afirmación de la riqueza y hondura de la vida en el sueño. El yo de abajo (el yo hondo del sueño) es valorado sobre el yo triste de arriba (de la vida ordinaria). Lejos de sentir alivio pensando en la seguridad del retorno, tras el sueño, a esa vida de arriba (*Puerto*), el poeta afirma su impaciencia esperando el día en que no haya retorno, y el yo adentro, habituado a su vida honda ya definitiva, cobre conciencia al fin, lúcida y desvelada, de su sueño. (En esta urgencia, el deseo de conocimiento de lo que llama el poeta *secreto íntimo* de la vida honda del sueño es muy sincero; su deseo de muerte, para llegar por ella al secreto, no pasa sin embargo de ser un medio de intensificación dramática del primer deseo).

113 . *Habla, habla. Mira, mira...*

* *Inédita.* Pero dada a conocer por la '*Familia de Zenobia y Juan Ramón*', y la '*Casa de Cultura Zenobia-Juan Ramón*', de Moguer, en la felicitación navideña de 1968. (Junto con el poema *Nocturno,* nuestro núm. 127; en facsímil y con dos dibujos de Benjamín Palencia).

*** La contemplación de las estrellas, vivas y latiendo (como si hablaran, como si miraran), le lleva a firmar su fe (fe afirmada por el deseo, ya lo sabemos) en que, tras la muerte, todos seguiremos latiendo (hablando, mirando), como las estrellas.

114 . *¡Ya lo encontré! ¡Sí! El gran pájaro blanco*

* *Inédita.*

** En esta poesía, que primero se llamó *Luna última,* se han introducido varios cambios (empezaba antes *¡oh, lo encontré...*). Pueden aún apreciarse los originales en el texto dado en facsímil. La única variante a señalar (porque no sustituye a un original eliminado) aparece en el verso 4.°: *en el setreto de las copas* (¿o *en el secreto alto de las copas*?). Parece ser que Juan Ramón decidió en algún momento trasladar el poema a otro proyecto, *Desvelo* (que acabaría siendo sólo una sección de *Pureza,* 'libro' representado en la *Segunda Antolojía Poética*), y fue entonces cuando tachó el encabezamiento *La realidad invisible.*

*** En este poema —como en el 119— Juan Ramón afirma haber encontrado (visto, sorprendido) ese *ello* divino que él ha buscado y anhelado encontrar por tanto tiempo. *Ello,* sin embargo, no se le entrega. Por lo pronto, para verlo, el poeta ha tenido que sorprenderlo; y lo ve sólo como luz (un gran pájaro de luz) posado en las altas y negras copas de los árboles, como una *música parada,* como una *desnudez eterna*... Más que en algunos otros, sentimos en este poema la naturaleza estética de ese ser divino, como belleza divinizada, absoluta, hecha dios. Y, según decíamos antes, esa belleza-dios no se entrega (no hay unión mística); ni siquiera se desvela enteramente (puesto que se guarda todo su misterio); la actitud del sorprendido, como corresponde en un *primer amor* (tras el título, sentimos la esperanza de sucesivos encuentros, hasta llegar tal vez a un desposorio, a una entrega) es de un amor reservado (*con ese encanto y esa gracia / del primer sí de amor adolescente*), según dicen dos versos, eliminados después; la Belleza, el pájaro divino, se va yendo, pero como si quisiera quedarse y darse del todo. Eso basta para que el poeta —dicen los versos finales— sienta un éxtasis gustoso, cuyos efectos duran aún después que el dios (diosamada, más bien en Juan Ramón) ha levantado el vuelo y desaparecido.

115 . *¿De dónde, sol?, ¿en dónde?*

* *Inédita.*

** *Subtítulo.* Sócrates [*la duda está acentuada con una interrogación*] / 8 brisa pura.

Sendas señales llaman la atención sobre la asonancia de *dónde* (v. 1) con *nombre* (v. 3), y la repetición de *siento* como final de verso (en vv. 2 y 9).

Como alternativas, se ha contemplado la inclusión del poema en otros dos libros: *Desvelo* (después, una sección de *Pureza*) y *La Muerte.*

*** El poeta pensó en la posibilidad de incluir el poema en un libro titulado *Desvelo;* y así podría llamarse el poema, *Desvelo,* porque en él se habla de muchos desvelos, no de sueño, ni de sueños. Aunque el recuerdo se disipe con la aurora, el poeta siente que por las noches no está entregado al sueño, sino en viaje hacia algo sin nombre, a donde una voz no conocida —y cada vez más próxima— le llama cuando ya todos duermen. Y cada día el poeta siente que se aleja más..., es decir, que se acerca más a ese lugar sin nombre y sin recuerdo, a que un día infaliblemente llegará. La implicación es, pues, que un día el viaje será sin retorno. Pero no hay temor ni resistencia; tampoco alegría ni exaltación. Ese lugar

Obras
de
Juan Ramón Jiménez.
Verso: XI: (?)
Eternidades
Piedra y cielo. La realidad
invisible.
(1916 — 1919)
— Edición definitiva —

Madrid
(Sin fecha).

Pasta (azul o morado).
Cuertas (amarillas)
Papel (hueso) (Rojillo azul
morado)

Luz

I

De pronto, entrante
en el jardín, vi el sol
—que ya se había puesto tras lo bajo—;
el sol alto del cielo blanco y oro,
parado, quieto en las pequeñas cimas
del cóncavo vector, por fuera en sombra.

II

~~Era tan~~
Fué como si yo entrase
en el corazón mío —¡qué sorpresa!—,
en el ardiente centro
de la armonía. Y ¡era! el sol como una música
estasiada, translúcida, aparecida,
como un dios en su nido,
como un tesoro humano
hecho ideal, como un ideal en fuga,
descansando...

III   ¡Qué paz, qué encanto, qué oro!

¡Ni una hoja se movía, dentro.
Era como si uno
fuera a ser armonía pura y clara
de un instrumento eterno, una cadencia
que pudiese cruzar por vida y muerte
y eternizar, sin pena ni cansancio;
como el sol de la muerte, sorprendido
por la vida; era uno mismo y nuestro,
hecho verdad allí, verdad
de ilusión.

.¡Qué paz, y qué retorno,
y qué oro!

IV

...se había ido el sol. Y se quedaba
aquella luz allí, presta para siempre,
en su verdad, conmigo,
mía,
como recién... sin su madre,

que pudiera ser la muerte, pero que no sabemos —ni el poeta tampoco sabe— si lo es, está visto como un lugar de misterio, desconocido, sin nombre, una incógnita, pues. Y de ello que el tono que domina en el poema sea de misterio, de pregunta.

116 .   *De pronto, entrando*
    *   Publicada en *Hermes,* LVI (febrero de 1920), pp. 80-81 (no. IV). Recogida después en *P,* núm. 90.
    11 extasiada *Hermes* / 11 aparecida; *P* / 12 nido; como *P* / 14 ideal; *P* / 23 *omit. guión. Hermes P* / 25 sólo *P* .
    **   Por un original manuscrito, del que también poseemos copia, sabemos que el poema estuvo destinado a *Piedra y cielo* antes de pasar a *La realidad invisible.* El ms. presenta algunas variantes. Es claramente anterior, y de él se ha partido para llegar a la versión mecanografiada (*versión corregida*), que es la que publican *Hermes y Poesía.* El nombre de la revista aparece escrito en la parte superior de ambos originales.
    ***   En muchos poemas —lo hemos visto ya varias veces en este libro— ha expresado Juan Ramón ante la huida del sol un sentimiento de pérdida y nostalgia. El sol se va a su eternidad, y él quedaba aquí, menesteroso y desterrado de ella. La experiencia singular (¿imaginación, o efectos de luz del crepúsculo?) que narra este poema es que el poeta, al entrar en el jardín, ve, de pronto, al sol, el mismo sol que ya se había puesto, y lo ve lleno de luz, como una música, como un dios... Las estrofas tercera y cuarta describen los efectos de la experiencia en el poeta: paz, encanto, armonía, eternidad...

117 .   *Creía ya perdido*
    *   *B,* núm. 115.
    Título. Figuraciones / 2 *omite puntuación* [,] *al final del verso* / 6 de pronto, / 10 en revuelta esplosión.
    ***   Próximo a dormirse el poeta, se siente súbitamente alerta y oye a su corazón golpeando frenético en el pecho.

118 .   *¡Cómo la noche negra*
    *   Publicado en "Diario vital y estético de 'Belleza' (1917-1923)". *España,* núm. 396 (17 de noviembre de 1923), p. 7. [Es decir, después de la fecha de impresión de *Belleza* según el colofón del libro: 25 de setiembre de 1923]; *B,* núm. 58; *T,* núm. 537.

Título. Minerva *España B T* / 7 verdes los ojos como estrellas fijas *España B T*. [En este caso, la versión de *B* es claramente posterior y mejora el texto manuscrito que hemos manejado para esta edición].

*** El poeta siente fundirse en unidad a la noche y a su pensamiento. A todo llega la noche por él, a todo llega él con la noche.

119 . *Dejad las puertas abiertas,*

* Fue publicado primero en "La realidad invisible (1917-1919) (Libro inédito)". *La Pluma* (Madrid), año II, núm. 11 (abril de 1921), pp. 208-209. Formaba allí parte de una serie de cuatro poemas encabezada con el título *Nostaljia*. El texto de *La Pluma* coincide exactamente con el nuestro. Fue recogido después en *P,* núm. 17; *C,* núm. 346; *T,* núm. 458.

** *Título.* La muerte / Nocturno / 3 quiere venir, esta noche, / 13 con él, / 19 como llanto, [Ap.].

Aparecen marcadas ciertas palabras: *abiertas* (v. 1), *Abierto* (v. 5), *Abierta* (v. 15) y *él* en final de verso (vv. 2, 13) para subrayar la repetición. Las palabras finales en los versos 8 y 9 (*estando, espacio*) aparecen marcadas para señalar que entre los dos, versos contiguos, existe rima asonante.

Orijinal. Meditada.

*** Gran poema al misterio de la muerte. Aprovechando la inmediatez de una muerte reciente, el poeta pide que se abran de par en par las puertas de la casa, y quede todo abierto a la noche y al espacio (y al misterio de la muerte) para ver si el gran infinito se entra en nosotros y el gran misterio de la muerte nos penetra y podemos así nosotros penetrarlo a él, en los espacios.

120 . *Donde tuvo su fe,*

* *Inédita.*

** El poeta pensó en un tiempo incluirla en *Eternidades.* Cambió después de opinión, y la destinó a *La realidad invisible* o *La muerte.*

*** De este cuerpo muerto han nacido rosales, y el olor de las flores le crea al muerto un mundo en torno, tan ilusorio como el que, en vida, le creaba su fe; un mundo ilusorio, creado, que el alma llamaría cielo, y el cielo llamaría alma. (Insiste en el tema de *Eternidades,* núm. 116).

121 . *Pero tú fuiste más. Lo que me diste*

*   *Inédita.*

**   La copia de este texto, que reproducimos en facsímil, pertenece a una época posterior al resto de los poemas que forman esta colección, como muestra la letra manuscrita del encabezamiento y de las notas al pie; por ella se ve que pertenece ya a los años en que el poeta andaba ordenando su *Obra* completa. Una anotación dice que el poema está *terminado* y que es *inédito.* Aunque se da 1920 como fecha del poema, hay en él elementos que hacen pensar que fue retocado en años posteriores.

***   La fecha anotada al pie (1920) debe de aludir al acto de primera redacción del poema. El papel, el tipo de letra de la máquina, el encabezamiento y, por supuesto, el poema mismo, hacen pensar en una versión tardía de un poema antiguo; una versión destinada, al parecer, a un volumen, o sección de un volumen, dedicado a *La realidad invisible,* en alguna de las ordenaciones últimas a que sometió el poeta la obra total. (El lenguaje de la última estrofa, por ejemplo, recuerda el lenguaje de los poemas de *Animal de fondo*). El poeta se dirige a algo o alguien para decirle que, aunque él —el poeta— creyó una vez que "todo es siempre menos" (que la realidad se muestra siempre inferior a lo imaginado) (parece alusión al poema 39 del *Diario de un poeta recién casado*), lo visto por el poeta, en un momento no vivido antes por nadie más, fue por fin (¡por fin!) lo tan buscado y ansiado por él (habiendo lo visto sobrepasado sus esperanzas); y que lo conseguido fue posible gracias a ese algo o alguien a quien el poema habla. No parece arriesgado identificar ese algo a alguien con la *Poesía,* medio de acercamiento del poeta a la belleza y al infinito (instrumento de salvación y eternidad, podríamos decir también). En cuanto a lo alcanzado, lo visto por Juan Ramón gracias a *su* poesía (no dejemos de notar la singularidad de la experiencia, jamás antes gozada por ningún otro) está descrito con un bello lenguaje, de honda impregnación y clara intencionalidad místicas, aunque muy personal y nuevo. Y aunque lo visto —se nos dice— fue *más* que lo que algunos hombres y mujeres (¿los místicos?) *creyeron* alguna vez ver, nos inclinamos (poniendo el poema en el contexto del libro y en su época) a identificar la visión aludida con el propio deseo imposible del poeta: su aspiración imposible a la Belleza infinita y toda.

122 . *Sí, morir y nacer*

    *   *Inédita.*

    **   En la cabecera se dice que es *inédito;* al pie, se fecha el poema en 1920, mayo.

    ***   Que vivir y —¡sobre todo!— morir fuera algo tan libre y descuidado, tan ajeno de dolor y destrucción como el nacer y el morir de la sombra de una flor: aparecer y desaparecer, sólo eso: no el feo y cruel proceso destructor que la muerte del hombre encierra.

123 . *¡Libro acabado*

    *   *P,* núm. 128; *C,* núm. 388; *Vc,* p. LVIII.

1 Libro *C Vc* / 3 vida. *C Vc.*

    **   3 de la vida!

Meditada.

    ***   El epitafio lo dedica el poeta a sí mismo muerto. Y es a sí, muerto, a quien va dirigido el triple epíteto: *libro acabado* (con el sentido de haberse completado), *caída carne mía, labrador subterráneo de mi vida.* Recuerda al poema 9: *¡Nada todo? Pues ¿y este gusto entero / de entrar bajo la tierra, terminado / igual que un libro bello?* ... y al 37: *Día tras día, mi pluma, ¡cavadora, minadora!, / me entierra en el papel blanco* ..., ambos de este libro. Recuerda también al poema 117 de *Poesía: Al lado de mi cuerpo muerto, / mi obra viva...* La idea es siempre de cumplimiento (vida completa), y de contrapeso entre cuerpo vivo y cuerpo muerto. Este va consumiendo a aquél, aquél va dando paso a éste. De modo que su cuerpo muerto ha ido haciéndose (naciendo) a costa de su vida, labrando subterráneamente su vida para cumplirla y surgir. Y al lado encontramos a veces, como en este poema, la metáfora que equipara al cuerpo muerto con el libro acabado.

124 . *Será lo mismo*

    *   Publicado en "Diario vital y estético de 'Belleza' (1917-1923)". *España* (Madrid), año IX, núm. 396 (17 de noviembre de 1923), p. 7. Y en *B,* núm. 80.

4 esperaba *B* / 13 conmigo *B.*

    **   *Título.* El amigo sólo [Ap.] / El amigo único [Ap.] / 7 —¡con qué afán!— / 12 ocaso vago; [Ap.] / ocaso triste; [Ap.] / ocaso lívido; [Ap.].

En *P*, núm. 92 (*C*, núm. 336), publicó Juan Ramón otro poema con el mismo título, y el mismo tema, aunque con distinto énfasis:

No me alcanzarás, amigo.
Llegarás ansioso, loco;
pero yo me habré ya ido ... etc.

Llevan marquitas, para señalar la repetición, las palabras *sólo* (Título), *solo* (v. 8); *tristeza* (v. 5), *tristes* (v. 11), *triste* (v. 13); *llegar*, *llega* (v. 6), *llegando* (v. 8), *llegarás* (v. 9). En la esquina inferior izquierda, la palabra *Antepenúltima*, entre paréntesis y acompañada de una interrogación indica que Juan Ramón consideraba la inclusión de esta poesía como antepenúltima de esta parte tercera del libro.

Orijinal. Meditada.

*** Esencialmente, este poema es uno más en la serie que Juan Ramón ha dedicado a imaginar el mundo *sin él,* un mundo después de haber él muerto. Pero hay en el poema elementos que le dan originalidad. El poeta imagina vacío un lugar específico, un banco de un jardín (¿un banco del Retiro madrileño?), lugar habitual de descanso en paseos y meditaciones. Y lo ve vacío desde la muerte y al mismo tiempo desde la vida: es decir, ve su propia ausencia como muerto y como vivo. Y es que el poeta se ve desdoblado, se ve muerto pensándose y soñándose vivo, volviendo a la tierra (desde la muerte) y acudiendo al banco ... y encontrándolo vacío, porque ya él está muerto. Imagina también su desorientación de vivo recién llegado de la muerte (de su destino, y con la luz interna de la muerte, el sol interno de su ocaso grana), mirando triste en derredor y sin encontrarse (sin encontrar al ya ido). Y, entonces, se imagina yendo lentamente a reunirse consigo mismo lejos, en la muerte (tan lejos de él —vivo—, como esté él —muerto—).

125 . *Piando a la luz, asciende el pájaro*

* Publicada primero en "La realidad invisible (1917-1919) (Libro inédito)". *España* (Madrid), año VI, núm. 287 (30 de octubre de 1920), p. 9. Recogida después en *P,* núm. 102.

7 —Él *P* / 10 resonante.— *P*.

** 1, 2, 3 Piando a la luz, el pajaro / asciende, estremecido, / por las doradas copas; [Ap.] / Piando a la luz, el pajaro / se entra, estremecido, / por las doradas copas; [Ap.] / 6 de silencio y verdor [Ap.] / 7 sueño alto / 8, 9 [se ha trazado entre estos dos versos una raya de separación estrófica, pero con una interrogación al lado, es decir, sin haber llegado a decidir en firme].

La razón de las variantes *de silencio y verdor* (v. 6) y (o) *Él se sume en su sueño alto* (v. 7) es romper la asonancia *silencio -sueño* de los versos originales (por eso, esas palabras llevan una marquita). En la esquina inferior izquierda, se indica la colocación (posible) de la poesía en el lugar penúltimo del libro: (*Penúltima*)?

Orijinal. Meditada.

*** Entre los símbolos de Juan Ramón, pocos son los que acuden a su poesía en momentos de tan alta y grave belleza como estos pájaros que han rondado al poeta por años, criaturas de lo divino y eterno, de lo infinito misterioso. En *Muy tarde,* el pájaro asciende a *su* lugar, a su mágico misterio (en la hora simbólica del ocaso), pero deja su canto resonando abajo, y ávidamente escuchado por el corazón del poeta.

y 126 . *¡No sois vosotras, dulces ramas*

*   B, núm. 14; T, núm. 516.

Título. 21 de octubre *B T* / 1 dulces, bellas ramas *B T* / 2 rojas, las *B T*.

**   2 las que os estáis meciendo [Ap.] / las que os abrís —¡cielo de luz azul!— [Ap.] / las que os cerráis —¡cielo de luz azul!— [Ap.].

Bajo el texto, se lee la siguiente indicación: *Fin de las poesías de "La realidad invisible".* Como variante y alternativa, esta otra: *Fin de las poesías.* Nota esta última que se complementaría, de ser usada, con otra: *Después del "Indice": Fin de "La realidad invisible".*

Orijinal. Meditada.

*** Sintiendo *con* las ramas, con lo otro, hasta sentirse uno con lo otro (pero en esta fusión, y esto es característico, es *lo otro* lo que queda absorbido en el alma del poeta).

NOTAS A LOS APÉNDICES

Los dieciocho poemas incluidos en los *Apéndices* van aquí y no en el texto de la edición por razones diversas. Los ocho primeros —de cuyo original poseemos fotocopia— parecen faltos aún de elaboración (los nos. 1 y 3 son poemas inconclusos, a falta de una palabra); en otros casos (nos. 4 y 6) no resulta muy seguro que el autor los hubiera destinado definitivamente a *La realidad invisible,* en vez de a otros libros, cuyos nombres aparecen también en el encabezamiento. Del no. 9 sólo he podido manejar una fotocopia parcial. Los restantes (nos. 10 al 18), algunos muy hermosos, son poemas procedentes del archivo de Puerto Rico, copiados allí a mano (y la copia amablemente comunicada por Francisco H. Pinzón Jiménez), pero de cuyos originales no he podido conseguir fotocopia. Todos ellos son inéditos, salvo el 135, publicado ya por el autor en la *Segunda Antolojía Poética* (poema, núm. 280). El núm. 127 fue dado a conocer por la '*Familia de Zenobia y Juan Ramón*' y la '*Casa de Cultura Zenobia-Juan Ramón*', de Moguer, en la felicitación navideña de 1968. (Junto con el poema *Estrellas,* nuestro núm. 113; en facsímil y con dos dibujos de Benjamín Palencia).

Cita. Esta cita, del poeta belga Charles van Lerberghe (*La Chanson d'Eve,* 3ème ed., Paris: Mercure de France, 1909, pp. 20-21) estuvo en algún momento destinada a figurar en *La realidad invisible.* El poema completo dice:

> O ma parole,
> Qui troubles à peine un peu,
> De tes ailes,
> L'air de silence bleu!
>
> O parole humaine,
> Parole oú, pensive, j'entends
> Enfin mon âme même,
> Et son murmure vivant!
>
> O parole née
> D'un souffle et d'un rêve,
> Et qui t'élèves
> De mes lèvres étonnées!
>
> Moi, je t'écoute, un autre te voit,
> D'autres te comprennent à peine;
> Mais tu embaumes mon haleine,
> Tu es une rose dans ma voix.

127 . Es un apunte de poema, inconcluso. El autor no ha encontrado la palabra necesaria para guardar la asonancia en el verso 15 —el poema mantiene rima asonante *e-e*—; y ha escrito, provisionalmente y entre paréntesis, la palabra *equis.*

129 . Falta una palabra en el verso 2, para la que se ha dejado un hueco.

y *135* . Único poema de estos apéndices que ha sido ya publicado en libro: primero, por su autor, en *Segunda Antolojía Poética,* poema número 280, p. 198 (cito por 2.ª edición, Madrid, 1933); después, por F. Garfias en *Libros inéditos de poesía, 2,* Madrid: Aguilar, 1967, pp. 284-285. Sólo he podido manejar una fotocopia de los versos finales (vv. 27-37) procedente de Puerto Rico. Corrijo por ella la lectura del v. 32, que en las ediciones anteriores, posiblemente por error, dice *loor que pasa* ... El verso 35 aparece corregido en el ms. fotocopiado, con supresión del relativo *que: {que} ha pasado la noche.*

NOTA

Esta edición entró en prensa en 1975 y se terminó de imprimir poco después. Cuando se dice en las «Notas» que una poesía es inédita, la indicación se refiere a esta fecha. Después de 1975, un pequeño número de poesías inéditas ha sido dado a conocer: el núm. 47 por Arturo del Villar en su edición de *La Obra desnuda* (Sevilla: Aldebarán, 1976), p. 88, los núms. 28 y 81 por mí en las revistas *Nova* (Lisboa), 2 (1976), 19-23, y *Peña Labra* (Santander), 20 (verano 1976), 18-21, respectivamente; los núms. 40 y 32, en sendas felicitaciones de la Familia de Zenobia y Juan Ramón Jiménez en las Navidades de 1975 y 1979.

ÍNDICES

14

~~XLV~~

IVIDA mía, ardiente ámbito,
que te dilatas sin fin,
cada instante —corazón
que quisiera tener todo
dentro de su tierna carne—,
por cojer
toda) dentro la libertad fúljida
las) de tus flechas infinitas!

~~XLV 2~~

ESTA es mi vida, la de arriba,
la de la pura brisa,
la del pájaro último,
la de las cimas de oro de lo oscuro!

¡Esta es mi libertad, oler la rosa,
cortar el agua fría con mi mano loca,
desnudar la arboleda,
cojerle al sol su luz eterna!

16

~~XVI 3~~

NO, si no caben mis horas
ideales en las horas
de mi ~~vida~~ material!   — *día*
¡Si no es posible que corte
la rosa de fuego, hasta
dejarla justa en los límites
que le da el ~~reloj~~ implacable!
¡Si mi vida entera es
sólo una hora, y tan sólo
mi) podría la eternidad
ser mi mañana o mi tarde!

ÍNDICE DE PRIMEROS VERSOS

ÍNDICE DE PRIMEROS VERSOS

(REMITE AL NÚMERO DEL POEMA Y AL NÚMERO DE LA PÁGINA)

Obra

de

Juan Ramón Jiménez

Tomo: ; Serie 2

3

La realidad

invisible

Dueño: "Poesías escojidas".
Edición: 1. com ej., numerados y firmados.
Este papel... Galgiano? La misma, más estrecha
Oro, tinta. 6   i Cabeceras.   Así.
Las ej. en madera y poo, en verde.
Rojillo moreno: el mismo de "Poesías escojidas".
A 8 ptas. Suscrición
Lo menos veinte encuadernan.
Calizado.

ÍNDICE DE ILUSTRACIONES

ÍNDICE DE ILUSTRACIONES

ÍNDICE GENERAL

ÍNDICE GENERAL

FIN

ESTE LIBRO,
COMPUESTO EN LA IMPRENTA
DE S. AGUIRRE, DE MADRID,
SE ACABÓ DE IMPRIMIR EN LOS TALLERES
DE SELECCIONES GRÁFICAS, DE MADRID,
EL DÍA 12 DE ENERO DE 1983